读书成就名师

（修订本）

张贵勇 著

中国人民大学出版社

·北京·

图书在版编目（CIP）数据

读书成就名师 / 张贵勇著. — 修订本. — 北京：
中国人民大学出版社，2020.6
ISBN 978-7-300-28145-2

Ⅰ.①读 … Ⅱ.①张 … Ⅲ.①教师 — 修养 — 中小学
Ⅳ.①G635.16

中国版本图书馆 CIP 数据核字（2020）第 087268 号

读书成就名师（修订本）

张贵勇 著
Dushu Chengjiu Mingshi（Xiuding Ben）

出版发行	中国人民大学出版社		
社　　址	北京中关村大街 31 号	邮政编码	100080
电　　话	010－62511242（总编室）	010－62511770（质管部）	
	010－82501766（邮购部）	010－62514148（门市部）	
	010－62515195（发行公司）	010－62515275（盗版举报）	
网　　址	http://www.crup.com.cn		
经　　销	新华书店		
印　　刷	北京华宇信诺印刷有限公司		
开　　本	720 mm × 1000 mm　1/16	版　次	2020 年 6 月第 1 版
印　　张	14.25 插页 1	印　次	2024 年 9 月第 8 次印刷
字　　数	200 000	定　价	58.00 元

目录

于永正：一辈子做个读书人

吴正宪：人生两大乐事是读书和教书

李怀源：读到深处更懂语文

华应龙：读书成就了今天的我

王雪娟：阅读托起最美语文课

夏昆：用阅读为学生打开一扇窗

窦桂梅：阅读改变教育人生

王崧舟：诗意的源头

闫学：阅读是生命中最重要的遇见

钟志农：从50岁开始做个读书人

周益民：不想长大的孩子王

冷玉斌：用阅读点亮心灯

吴非：做一个有思想的读书人

遇见更好的自己

2013 年,《读书成就名师》出版,一晃已 7 年。

7 年多来,我既看到许多一线教师写了真诚的书评文字,也听到许多读者说很喜欢这本书,感谢我整理分享名师们的读书故事。其实,我与名师们对话,不仅让我对阅读本身有了形而上的思考,还帮助我不断反观自己,加速成长。

近年来,我又分别采访了史建筑、李怀源、王雪娟、夏昆、冷玉斌等名师,他们多是"70 后",其中冷玉斌还是"80 后"。相对于原来被采访的名师,这 5 位名师某种程度上代表了教师群体的新生力量,反映着教师阅读的内在趋势。在知识体系的建构与读书方法的选择上,他们各有侧重、各有所长,都有值得称道和学习之处。

史建筑是北京市十一学校语文课程首席教师,具有广阔的跨学科视野,从他身上能感受到语文自有一种牵一动百的力量。他将语文与社会学、统计学、脑科学等联系在一起，让人越发感觉阅读方法与阅读路径的重要性，隐约窥见语文教学的未来样貌。

北京教育学院初等教育学院的李怀源老师是语文素养极高的课程专家。跟随他的阅读史，我们能清晰窥见阅读对一个人全方位的塑造，对性情与心灵的深度滋养。他身上那种不疾不徐的气质，他讲课时深入浅出的智慧，即是最好的证明。

深圳市基础教育系统首届"年度教师"王雪娟，爱阅读也爱旅行，两种生活方式反过来开阔了她的视野，滋养了她的个性，丰富了她的课堂。她有意识地将外面的世界与生活引入课程，成就了学生喜欢的充满哲思的语文课。

中学语文教师夏昆，爱好广泛，喜欢写作、音乐、电影。听他讲阅读、谈教育，颇有看武侠小说的感觉，充满侠义精神与浪漫气息。他的真诚坦率，他的爱恨分明，他对教育事业的热忱，很大程度上源于他走进历史深处的阅读。

江苏省小学语文教师冷玉斌，做到了站在海量童书之上发展自我、看待教育、展开教学。他扎根江南水乡，将一本本经典童书作为自己的教育资源，逐渐搭建起以儿童为中心的教育教学体系。

每位名师都是一道亮丽的风景，都是值得我们追随的榜样。考虑到地域、学科的平衡，此次修订出版的《读书成就名师》对原版做了一些删减，同时增加了几位年轻的一线教师。和原版相比，修订版的可读性更强，指向更丰富，学科领域也更开阔。通过剖析名师们的读书故事、教学实践和成长感悟，瞄准阅读与成长的关系，指向教师自我更新迭代的主题，为一线教师的专业发展提供了一条路径。

从普通教师到名师，看似很远，其实很近，重在借助阅读开疆拓土。意大利作家伊塔洛·卡尔维诺在《如果在冬夜，一个旅人》中说过这样一段话："阅读就是抛弃自己的一切意图与偏见，随时准备接受突如其来且不知来自何方的声音。这个声音不是来自书本，不是来自作者，不是来自约定俗成的文字，而是来自没有说出来的那部分，来自客观世界中尚未表达出来而且尚无合适的词语表达的部分。"

名师的成长之路就在眼前，名师的读书故事无法穷尽，那些言语未尽之处，有着更为丰富的宝藏，等待我们去发现、去开掘。

愿每位教师都能敞开胸怀，沉入阅读，聆听内心深处的声音，遇见更好的自己。

是为序。

2020 年 2 月 6 日

史建筑
阅读引领学习变革

北京市十一学校语文课程首席教师。中学语文特级教师，全国教书育人先进个人，全国教育改革先锋教师。曾获全国中学语文课堂教学大赛特等奖。与学生共同经营"有种、有料、有趣"的学习天地。

他是北京市十一学校语文课程首席教师。

他有自己的教学主张，将语文作为融入学生日常生活与未来发展的学科。

他提倡跨学科阅读，实现知识的迁移与能力的转化，以更好地反观语文、反哺自己。

史建筑：阅读引领学习变革

北京市十一学校的教师大多很忙，史建筑也不例外。

约访多次，2019年高考结束不久，终于得见。一见面，他就告诉记者："刚才我在跟一名去年考取北京大学前沿交叉学科研究院的学生交流，他研究的方向是脑科学和类脑科学。以前经常有人把认知学当作心理学的一个子学科，其实两者是对等关系。基础研究需要有人做、好好做，但目前来看，显然还不够。如果没有认知学、脑科学等做基础，研究只是进行描述性的阐述，那么语文教学也好，阅读教学也罢，就很容易陷入大而无当的空谈。"

"少空谈，多研究，尤其要多研究一些规律性、标准性的东西，研究才有价值。"打开话匣子的史建筑，从虚构作品阅读到非虚构作品阅读，从高考作文题到作文教学，从学生学习到自己的读书经历，他侃侃而谈，但所有话题最终都落在了教与学、学校与社会、现在与未来的关系上。表面来看，这是一位语文教师的工作日常，但细细品来，实则揭示了互联网时代下的学习变革。

"我现在更多的是做标准化的研究"

对当前的语文教学，史建筑的看法是热度不减，热词很多。

"现在大家都在谈文本解读、文本分析、整本书阅读，不同教师之间的实践差异也比较大，"史建筑说，"有的教师讲授这些内容时很有激情，让听者不知不觉地被其教学艺术所吸引。尽管教学方法可以不一样，文本可以有个性化的解读与设计，但教学最好是在科学的范畴内，在一定的标准内进行。如果没有标准与共识，课堂就会热闹有余，思想性不足。"

教师要变成标准的执行人，确定标准很重要。史建筑告诉记者，他最近一段时间做的就是对有关标准的研究，"看似跟阅读无关，其实有关。比如说，这个单元到底实现的是阅读方面的目标，还是写作方面的目标？这个单元的文本是虚构类的，还是非虚构类的？只有先看清楚、想清楚，后面才能讲清楚。"

据了解，在教学改革层面，北京市十一学校近年来用力最多的，就是基于标准的学习。"现在整本书阅读比较热，大家都在谈，都在研究，我们更关注的是虚构类文本和非虚构类文本的划分。从图书形态来看，不是说印成一本书就叫整本书。鲁迅的《呐喊》，单行本是一本书，但十五六篇类似的小说放在一起出版，看似是整本书，本质上研究的对象却是短篇小说，因为这些内容本身不是一个连续性文本。相反，《平凡的世界》由于内容是连续性的，以之为样本，能研究出长篇小说的阅读规律。"

与语文、阅读有关的概念需要进一步的结构化呈现，这样学生才能把握一些基本的规律，收获更大一些。用整本书阅读替代对阅读内部规律的研究，会消弭文本之间的区别，即使有收获，也可能是不科学的。因此，无论是文本解读还是整本书阅读，都要概念清晰、标准明确、路径正确。如果一个文本相对来说已经很完整，就没必要再把其他关联不大的内容硬加进来。教师多研究文本，可能会离标准化、规律性的东西更近一些，更能把握语文的门道、阅读的规律。

"刚参加工作时，我也是条分缕析地按照教材给学生讲。后来，我开始强调体验，带着学生去读、去学习。如今，我会收集一些问题，陪学生一起去解决问题。"谈及自己的语文教学发展历程，史建筑认为，他逐渐走过三个阶段或三个境界。现在更多的是目标先行，而不是文本资源先行，即教学目标始终是第一位的，文本资源是第二位的。"这么多年，我们的语文教学多是文本先行，而不是目标先行，有本末倒置之嫌。要解决这一问题，教师心中需有几个清单：一是目标清单，二是任务清单，三是工具清单，四是诊断清单。当然，还有一个清单和这几个清单不是一个方向，叫负面清单，即用它来规避可能产生的问题。这是目前我们学校语文学科的教学结构。"

以《史记》为例，史建筑和学生从本纪、世家、列传里共同选了16个人物，要求是"我来任命史上最佳君臣组合"，即以任务来推动阅读、开展教学。学生在完成目标的过程中，他们使用各种工具、方法，但内在是基于标准的学习在背后推动。到最后史建筑发现，学生给出的"史上最佳君臣组合"非常有意思、有想象力，他们打破了角色的限定和时代的局限。史建筑认为，"学习在本质上是学生对教师依赖性的降低，是从预设教学转向研究性学习，这样语文教学才能真正赋予学生能力。"

"瞄准学生需求，教学才有意义，阅读才有方向"

作文教学也是如此。

很多人一谈到写作，就会认为写作高于生活，需要"高大上"的技术。而在史建筑看来，把写作变成生活的一部分，反而有助于学生回到写作的本质，写作更多的是引导学生还原自己的思想与生活。"2019年全国卷二卷的作文命题就比较好——题中呈现了逢九的年份，从1919年、1949年、1979年、2019年到2049年，从五四运动到新中国成立100周年，时间跨度大，有鲜明的时代寓意。作文要求是五个任务任选其一，里边既有演讲稿、观后感，也有写给家人、同学的信。虽然设计的是虚拟场景，但现在很多人不会写信了。高考作文应有一定的实用性，并体现立德树人的教育内涵，这样的作文教学才有意义。"

史建筑透露，他经常陪学生一起写作文，因为"只有深入进去，才会知道这里边的道道。就像你曾经是一名球员，如果能从高于球员的角色来看待比赛，就可能变成一位教练。有球员的经历，做教练时便能更懂球员在场上的反应与心理，当然，也得警惕动不动就回到球员角色的问题。"

和学生一起写作文时，有时是史建筑主动写下水文，有时则是学生当场给他命题。因为日常的写和在考场上的写不一样：写读书笔记、生活随笔是一种写，写高考作文、考场作文是另一种写；一个是自由状态，一个是应试状态；日常写作时，可以查资料，而在考场写作时，不能事先有充分准备。所以，每次写完之后，他都会跟学生相互点评。这个过程会帮助彼此发现很多问题。比如，有时候他也有没写完的作文，只好把残文交给学生。这种情况许多学生都遇到过，是一种很好的教育资源。之所以这样说，是因为残文呈现了真实的考场作文写作过程，而接下来研究为什么没有写完，将之变成一个师生共同探讨研究的学习资源，然后有针对性地找到应对策略，如从阅读中寻找应对之策，将会使教学变得真实有效、印象深刻。

但是从这一层突破，究竟是阅读教学还是写作教学？史建筑认为，如何区分并不重要，重要的是以怎样的理念、视角来对待教学过程中发生的所有真实问题。如果说教师的教育资源意识决定了教师的眼光、捕捉问题的能力，那么这样的教学就会丰富且有趣。中学阶段，尤其是到了高中阶段，学生的写作水平基本稳定下来。教师要做的，就是让学生看到作文的写作规律，知道标准在哪里，如何搭建结构、行文及结尾，从而进行有针对性的训练。

"作为教师，要从学科的属性、科学性及区分度上来研究语文，"结合自己多年的经验，史建筑说，"能把高考作文写得比较好的人，写作能力是基本过关的。教师应该让学生清楚评价标准在哪里，这不是一个相对粗线条的要求，应该让学生知道按照什么标准去做。"

阅读的最大益处是开阔视野。广取素材、灵活运用是一种思维训练。史建筑总结出一个规律，那就是一个人的思维习惯和思想深度在短时间内很难改变，需要一个从量变到质变的过程，但思维品质是可以训练的，即思维的严密性、灵活性可以通过有效的阅读指导来提升。"有很多家长问，'我的孩子那么喜欢读书，为什么做不好阅读题？作文也写不好？'问题就在于此阅读非彼阅读，爱读书可能是消遣性的阅读，而不是进行思维训练的专业阅读。"史建筑直指要害。

一个人的阅读能力层级非常清晰：一是理解级的，二是分析级的，三是赏析级的，四是探究级的。越往后，阅读的目的性越强，对思维品质的训练越有效。只满足于自己喜好的随便翻阅，与在教师指导下的专项阅读不是一回事儿，结果也肯定不一样。史建筑举例说，2019年下学期语文教学的一个重点内容是写报告文学，这是进入非虚构写作的一种重要途径。学生需要通过采访的形式来完成，要经历确定主题、收集资料、进行采访、整理行文的过程。有的学生父母职业是医生，在采访过程中他能逐渐了解父母的职业状态、当今的医患关系，以及由此生发出来的现代医疗发展新动向等。

"当任务释放后，学生清楚了写作流程，真实的阅读或学习过程就打开了。"史建筑说道，"学生普遍反映收获很大，如有的学生被拒绝采访，这本身也是一种学习，带来不一样的写作和学习体验。虽然最后形成一篇上万字的报告文学比较难，但20%的学生完成任务的质量很高。受过此种训练的学生，无论是在阅读还是在学习上，目标会更加明确，方向会更加清晰。"

"阅读教学有时候就像解剖学"

在十一学校，流传着一句话——你有多大能力，学校就给你多大舞台。言下之意是，针对每名学生的特点，教师都会提供上不封顶的教育支持。这一点在史建筑身上得到了很好的验证。学校语文教师的常规工作，就是对学生因材施教，即在统编教材的基础上，针对不同能力的学生做一些包括学习阅读、学习写作和研究性学习的设计，很多设计需要一定的技术含量乃至很高的学术含量。

以《世说新语》为例，该书很大程度上是以人物为主的笔记体小说，一共3卷36门。上卷4门，涉及德行、言语、政事、文学等。中卷9门，包括方正、雅量、识鉴、赏誉、品藻等。上卷和中卷的13门都是正面的褒扬主题。下卷涉及容止、自新、企羡、伤逝、栖逸等23门，有明显的警示之意。史建筑表示，传统的语文教学往往是按照篇目一篇一篇地讲，或者让学生自己研读。十一学校设计了多种阅读结构，如按照王羲之、王导、谢安等人物来读，学生可以自己选择感兴趣的文章组合方式。

在指导学生阅读时，"我们会通过一定的科技手段重构阅读《世说新语》的方式，引导学生进行研究性学习。例如，王羲之在书中出现了几十次，将出现的地方做标注总结，阅读方式便发生了改变，就像重新设立了一个阅读坐标，有了纪传体小说的意味。按照此种篇章段逐级标注的方式阅读，我们会发现立体的、有血有肉的王羲之就站在眼前。"

"用大数据打开阅读结构，有点像阅读的解剖学，引导学生在学习过程中收获应该收获的东西。"史建筑说，"学完《世说新语》，教师会布置一个任务——让学生组建自己的魏晋朋友圈。书中介绍了那么多有人格魅力、有魏晋风骨的人，如果让他们进入你的朋友圈，且只能进5个人，你会选谁？理由是什么？要想完成这个任务，学生需要从多种角度研读其他相关图书，在此基础上才能对魏晋人物有一个全面的了解。经过研读，学生对信息筛选之后与现实联结，此时的阅读不仅仅停留在对文字的理解层面，还变成了一个项目。这既锻炼了学生的阅读能力、文言文水平，也考查了他们如何设置虚拟场景，如何进行道德判断和社会交往等。"

项目式的阅读教学，与单纯地给学生一本书阅读，在效果上完全不一样。在史建筑看来，中学生尤其是高中生，正处于慢慢适应学习方式转换的过程中，同学之间的差异比较大。从阅读文本到完成阅读任务，教师要做大量引导，如进行文本的大数据搜索、高频词的对比研究等。这种引导也倒逼师生学会应用互联网技术，学会搜集各种优质教育资源。这种学习方式的转变，带来了全新的思维方式，改变了师生的阅读观和阅读行为，也代表了未来语文教学的发展方向。

而今，史建筑越来越觉得，以阅读为核心的语文教学，越来越考验教师的能力：一方面，需要教师在教学内容和教学方式上做到标准化，这是核心；另一方面，考验教师能否与现实生活对接，这是方向。"作为教师，不管自己的阅读能力有多强、阅读量有多大，归根结底要朝着标准化、生活化的方向走。因为教师的阅读不是自娱自乐的，是带有一定目的性、实用性的。教师只有围着学生的学习需求转，培养学生解决现实问题的能力，教学才有效、有意义。一旦进入这个轨道，你就会发现，教师的阅读方式不知不觉地在变，一开始可能会遇到一些困难，但慢慢地会在学生身上发现变化的成果，真正找到阅读的价值，把握阅读的规律和教育的方向。"

"在读书这件事上要走出舒适区"

能有这样的认知，史建筑表示，归根结底还是持续不断的阅读。没有阅读，作为教师，终究无法实现真正的自我突破。"我不想夸大书籍的作用，毕竟书籍不是万能的，但它在我的生命里的确举足轻重。我的生命历程中迄今还没有太多遗憾，是因为一路有书相伴。"

回忆自己的读书历程，史建筑说，小时候爷爷给他读了很多中国古典名著中的故事，对他进行了最初的阅读启蒙。上中师时，他读了《三国演义》《巴黎圣母院》《战争与和平》等中外名著。在他看来，经典名著有一种伟大的力量，就像作家余华在《温暖和百感交集的旅程》中所说的："我对那些伟大作品的每一次阅读，都会被他们带走。我就像一个胆怯的孩子，小心翼翼地牵着他们的衣角，模仿着他们的步伐，缓缓地向前走去，那是温暖的百感交集的旅程。他们将我带走，然后又让我一个人回来。回来之后我才发现我已经与他们永远在一起。"

从山东到北京，从一所学校到另一所学校，史建筑工作的地点在变，但读书、教书、写书，一直以来都是他生命的全部。最近几年，他很重视跨学科阅读，因为这种阅读为他带来视域的拓展，如自然科学领域的《星际穿越》《给忙碌者的天体物理学》《生命3.0》等书，就带给他全新的知识，可以迁移到语文教学中，即从物理学的角度解释语文中涉及的一些问题。他还读了一些哲学方面的书，如《哲学简史》《存在与虚无》，以及郑也夫的社会学著作等，对他写作议论文很有帮助。

史建筑以"老人倒了扶还是不扶"这样一个"烂大街的话题"为例谈作文教学，"如果扶摔倒的老人，就是人人献出一点爱；如果不扶，就是世态炎凉。这样的议论文，其实依然遵循了二元对立的思路，又可以称为愤青思路。如果借助哲学家冯友兰的人生境界说，即从自然境界、功利境界、道德境界、天地境界四个层次分别来看待，那么扶还是不扶自然会有不一样的结论，文章的立意高下立判。"

"跨学科阅读还会带来改善思维模型等方面的益处。"史建筑讲述了2018年5月发生的一个真实案例，"一名学生考试时作弊，被监考教师发现。之后，我跟他聊了聊，说你真的不该作弊，理由有三。一是从测量学的角度，每次考试都是一次诊断。因为你作弊，测量的数据结果都是失真的，既不能反映你的过去，也不能帮助教师指导你后面的学习。二是从社会学的角度，你肯定向往客观、公平、公正，痛恨社会上的诸多特权和不公。别的同学都是闭卷考试，只有你是开卷考试，这是用不正常的手段获得一种特权，在结果上制造了一种不公平。三是从伦理学的角度，学校组织这次考试，是默认每个学生都会遵守考纪，教师不是来监考的，而是为大家服务即收发试卷的。你利用这种信任，做了不光彩的事情，让我再也不能相信你了。学生听到此处，流着泪忏悔，'老师，以后我再也不作弊了'。从后来的表现看，他真的认识到了自己的错误。"

在阅读方法上，"我从18岁开始有意识地做读书笔记，到现在书房里存着将近50本读书笔记。书中重要的段落，我尽可能摘录或批注，有时甚至抄写整篇文章。直到现在，30多年过去了，我还在做这件事情。从教以来，我有一个习惯，就是在学生进教室上课之前，在黑板上写下我近期阅读时遇到的非常精彩的句子。"在进入人生的第50个年头，史建筑依然每周为学生提供上万字的阅读材料，每学期为学生结集出版一本校本阅读教材，同时他也向着阅读的高处不断攀爬。

史建筑痴迷阅读内在的原因很简单——"一个人很容易进入自我享受的束缚之中，特别是在取得一些成绩之后，习惯于按照原来的方式阅读、生活，反倒不自察地错失了很多宝贵的东西。教师要有归零意识，要经常反问自己在阅读上有没有跟以前不太一样的方法，在阅读的偏好上有没有改变。学生的成长走向是对自己负责、为自己规划，教师的成长很大程度上也是如此。在阅读上往上走、往难处走、往不舒适处走，所看到的自然是另一番风景，人生体悟自然也会不同。"

对史建筑来说，最美的风景总是在前方。

 **且读且悟**

1. 尽管教学方法可以不一样，文本可以有个性化的解读与设计，但教学最好是在科学的范畴内，在一定的标准内进行。如果没有标准与共识，课堂就会热闹有余，思想性不足。

2. 一个人的思维习惯和思想深度在短时间内很难改变，需要一个从量变到质变的过程，但思维品质是可以训练的，即思维的严密性、灵活性可以通过有效的阅读指导来提升。

3. 教师只有围着学生的学习需求转，培养学生解决现实问题的能力，教学才有效、有意义。一旦进入这个轨道，你就会发现，教师的阅读方式不知不觉地在变，一开始可能会遇到一些困难，但慢慢地会在学生身上发现变化的成果，真正找到阅读的价值，把握阅读的规律和教育的方向。

4. 教师要有归零意识，要经常反问自己在阅读上有没有跟以前不太一样的方法，偏好上有没有改变。学生的成长走向是对自己负责、为自己规划，教师的成长很大程度上也是如此。

 读书解惑

"跨学科阅读能给学生更多的脚手架"

记者：在采访中您谈到了语文教学的方向问题。结合在北京市十一学校多年的教学经历，您能否描述一下语文教学理想的模样？要想达到这种状态，教师从哪些方面做准备比较好？

史建筑：语文教学是母语教学，中华民族的精神密码就在其中，这决定了教师要坚持语文人文性与工具性的统一，做好中华优秀传统文化的传承，这是基本的目标、要素，或者说是语文教师义不容辞的责任。同时，语文教学要注重解决现实问题，与社会实际结合在一起。2019年高考，作文可以写一篇演讲稿，且主题比较好，既有实用价值，又有思想含量。

语文教学要从混沌走向清晰，这对语文教师提出很高的要求。传

统上，我们总说"书读百遍，其义自见""只可意会，不可言传"，有的教师动不动就要求学生多读、多写、多练，这种只有数量上的要求，没有具体的标准的行为，没有实际效果。浩如烟海的书籍，任何一个人都读不完，写作训练也是没有终点的。在学生的学科学习时间相对有限的情况下，要想让教学走向清晰，只有在单位时间内有高产出。例如，写一篇作文，小学、初中、高中都会写，按理说三个阶段的要求、标准、内容应该是不同的，教师的指导应该梯度明确、层次清晰，而不是大而化之、笼而统之。只有教学目标清晰，语文教学才会有拨云见日之感。

北京市十一学校现在的课程是分层的，从语文一、语文二到语文三，难度逐渐增大，语文三更像是导师带研究生，需要很长的学习时间引领学生开启自学自研的道路。实际上，从混沌到清晰，从预设教学到研究性学习，能促进课程目标与课堂教学的有效衔接，属于中观层面的行为，这需要教师不断加强训练。

当前的语文教学，一个很大的问题是建设层面的缺失，微观层面可以依靠经验，宏观层面可以参见课标，但如何落实到单元、学期目标，怎样做好拆解，落实到课堂上，还缺乏共识。这些中观层面的东西，是路径与方法的问题，其中有大量的转化、加工和创造，需要教师减少重复，让教学更明确，更有效率。做到了这一点，语文教学就会越来越有价值。

记者：在语文与认知学、心理学等学科的结合方面，许多教师可能有这方面的意识，但如何借助其他学科的方法反哺语文，可能还不知所措，您能否给一些建议，或者列一些基础书单，让教师有清晰的路径或方法？

史建筑：教师首先要研究学生的学习过程，知道他们是怎么学语文的，不一定要细化到每个学生，但不同类型的学生是怎么学语文的，要心中有数。例如，数理化等理科思维比较好的学生，知道语文很重要，但成绩一直不理想，背后很可能是他们习惯于用解决理科问题的方式对待语文。这时候就需要教师帮助学生打开思路，学会运用多种思维方式，结合不同的语境，解答语文的各种题型。

以写论述类文章为例，有的学生习惯于提纲挈领，三言两语就说完了。如果教师能指导学生在一级目标之下，拆解中心话题，让论述有结构，这样中心论点就更清楚，不至于字数不够。对于逻辑思维能力强的学生，要帮助他们打磨好细节；对于逻辑思维能力差一些的学生，则要引导其把握论述的大方向。有的学生竞赛任务比较重，没多少时间学语文，他们需要短平快的语言材料，教师最好能有针对性地分主题、分专题提供素材，做到"精准扶贫"。

这种帮助与引导需要教师借助认知学、心理学等学科知识，借鉴管理学、社会学、脑科学等学科研究方法来实现转化，给不同类型的学生有效指导。教学说到底是对学生情况的系统整体把握，不是偷工减料，不能只用一个教学模式，或者只用一种方法包打天下。如果说新时代教师需要有一些基本能力，我梳理了一下，大概有八种能力：适应变革的能力、专业规划的能力、课程转化的能力、学习领导的能力、阅读迁移的能力、有效管理的能力、数据处理的能力和团队协作的能力。学习的本质，是知识的迁移与能力的转化，我在阅读心理学、社会学等领域的著作时得到了不少教益。

记者：从您的阅读史来看，感觉文学名著和学术著作对您的影响比较大。在语文教师的阅读体系建构方面，您有怎样的想法？如果可以重来，有机会系统构建自己的阅读史，您会怎样做？

史建筑：每个人的成长都是有遗憾的，受所在时代、个人视野限制，阅读也是如此。但反过来看，阅读路径对个人来说是独一无二的，合适的时间遇到合适的书非常难，只是一种理想罢了。

对语文教师，我建议尽量做到虚构类作品与非虚构类作品的阅读相结合。尽管虚构类作品属于二次加工，是想象出来的，更多的是给人审美愉悦，有很多个人体会，但其根子其实扎在客观现实之中，有很多有价值的东西。如经典名著所反映的人生思考、文化环境、社会事件等，基本都是真实的。而非虚构类作品，如社会学、管理学等包含着社会发展的逻辑、模型、规律等，能帮助教师进行阅读迁移。两方面作品的阅读有效结合，有助于我们在一些重要问题的判断上相对全面、均衡、准确。

每位教师都有自己的阅读倾向，要学会用不同学科的规律、结构来处理自己的问题，启发学生，发展自己。就像教师要管理班级，而管理班级肯定离不开管理学方面的知识一样。教师不妨阅读彼得·德鲁克的《管理的实践》，该书被称为"管理学的圣经"，其中包含很多操作层面的方法、智慧，值得教师借鉴。刘润是一位战略咨询师，他的《5分钟商学院》对教师管理班级很有帮助。无论如何，只要带一个团队，你承认也好，不承认也罢，都必须具备一定的领导力。一个平庸的领导者，很难带出一个优秀的团队。所以，多阅读管理学方面的经典图书，有助于教师提高带班能力，也能给学生积极影响。

总体来说，阅读要有指向性，要能指导实践，让阅读服务于工作、生活，而不只是修身养性、娱乐身心。当下的社会生活节奏很快，教师的阅读有目的、有转化、有迁移，专业成长才能水到渠成。

 推荐好书

《人是如何学习的：大脑、心理、经验及学校》，[美]布兰思福特等著，程可拉等译，华东师范大学出版社2013年版。

推荐理由：这本书是美国当代几位杰出的心理学家，会同来自人类学、教育学、计算机科学、文化与学校教育、视觉与表演艺术等研究领域的16位研究人员，对人类学习的科学知识基础及其在教育中的应用进行评估的总结报告。书中汇集了新的学习科学出现以来最重要

的思想和理论，是学习科学这一新兴跨学科研究领域第一本集大成的论著，正是这本书将许多人带入学习科学这个新的领域。

坦率地说，对于人类的脑科学研究，全世界目前还处于基础阶段。有时候，两个同学同桌一年，却不知道对方是如何学习的。这其实很正常，因为编码、解码、输出是在大脑中完成的，将已有的经验转化为相关知识，再运用于具体的情境，是一个复杂的过程。借助这本书，可以了解学习是怎样发生的，对教师了解学生、更好地指导学生很有益处。

《管理的实践》，[美]彼得·德鲁克著，齐若兰译，机械工业出版社 2018 年版。

推荐理由：管理不只是技巧，还有一些常识。在学科教学过程中，好的管理方式会促进教学相长。从现实来看，每位教师都是管理的实践者，从管理的本质、结构到管理的意识、能力，都需要有所了解，并不断精进。

这本书我看过很多遍，书中的一句话对我触动很大，"管理的本质就是激发善意"。我建议教师们不妨看一看。从与学生互动到规划学科教学，总得有思路、方法，这本书是一个不错的参考。

《像冠军一样教学：引领学生走向卓越的 62 个教学诀窍》，[美]道格·莱莫夫著，丁浩、赵婕译，中国青年出版社 2016 年版。

推荐理由：抛开书名中的营销词汇，书中的内容具有很强的实操性，有许多关于学生如何更好地掌握知识、管理自己行为的诀窍，有助于教师高效规划自己的教学，通过有效的提问激发学生的学习热情。书中内容层次清晰，一线教师看完就可以学习、借鉴。

程红兵
我就是一介书生

教育学博士，中学语文特级教师，特级校长，深圳市政协委员，现任深圳明德实验学校总校长。"全国五一劳动奖章"获得者，享受国务院政府特殊津贴，教育部首批"国培计划"专家库专家。先后获"全国优秀教师""全国优秀语文教师""上海市劳动模范""全国师德先进个人""全国十佳高中校长""第四届全国教育改革创新杰出校长"等称号。著有《为一所理想学校而来》等。

程
红
兵
——

生活中的他，少言寡语，内敛而低调；讲台上的他，慷慨激昂，像个斗士。

不间断的阅读、写作，让他常常以一种批判的眼光，揭开种种教育乱象背后的症结所在。

喜欢看书，尤爱教书，满脸书卷气，面对众多的头衔和荣誉，他说："我就是一介书生。"

程红兵：我就是一介书生

初见程红兵，感觉他有点闷，话出奇地少。

但是，就是这个过于内向的"很不起眼"的人，在种种教育乱象面前却积蓄着巨大的能量：他曾公开呼吁"公开课，不要再演戏了"，抨击"千校一面，万人同语"的中小学同质化趋势，批判当下学校办学过程中存在的伪现代化现象……此时的程红兵，是一个十足的"教育愤青"。

对于教育批判者的角色，程红兵常常一笑了之。他说，如果真的要追根溯源，可以说是多年阅读的结果。回首50年的人生旅程，他感慨生命中的大部分时间都交给了书，爱书、买书、藏书、看书、教书、写书，就是他生活的主要内容。骨子里，"我就是一介书生"。

"怀念自由散漫的读书时光"

程红兵至今很怀念中学时代自由散漫、无拘无束的读书时光。

那时的初中和高中都是两年制。在他上高中时，《青春之歌》《野火春风斗古城》《上海的早晨》《钢铁是怎样炼成的》等被列为"禁书"。因为被禁止，所以很神秘，"那时候好奇心强，总是想尽一切办法找同学借。有时不得不帮别人干一些体力活，如劈柴、做蜂窝煤等，才能换两本书看。在书店看到了难得的文学史著作——刘大杰的《中国文学发展史》，立刻倾囊买了下来。"

高一下学期，程红兵走进工厂，加入学工大潮。工厂的师傅们不敢放手，只是让他打杂。一些年轻的师傅爱看书，他借书的渠道便比较多。于是，跟他们混熟之后，也能看到一些不容易借到的书，如屠格涅夫、巴尔扎克、马克·吐温等著名作家的经典名著。为了逃避检查，这些书往往披着《毛泽东选集》的封面，里面却另有乾坤。阅读时，心怦怦直跳，有一种地下工作者的感觉。

"中学时代是最快乐、最自由的，因为没有考试压力，不要求读书，反而读了很多书。"程红兵说，大量的阅读使他的写作有了很大的提高，语文教师经常把他的文章作为范文在班里朗读，"当时心里特别得意"。有时候自己觉得不满意，一定要改到符合范文的标准。而对自己影响最大的书，他坦言是中国古代四大名著。"四大名著培养了我对文字的敏感，在我心里埋下了一颗文学的种子，让我成为一个纯粹的文学青年，文理分班时，我毫不犹豫地选择了文科。"

因为喜欢读书，1978年，即恢复高考后的第二年，程红兵成为上饶一中唯一考取本科大学的人。

在大学里，程红兵爱买书是出了名的，买书量"至少前三名"。师范生每个月有14元饭菜票，后来涨了3元，这17元钱几乎都用来买书了。理发不去理发店，而是同学之间相互理发，几乎没怎么看电影，家里每个月给的20元零花钱甚至也都成了购书专款。而今，他家里的藏书已达2万多册，每个角落都是"书香四溢"。

20世纪80年代初，社会上掀起美学热，程红兵找来李泽厚、朱光潜等人的著作仔细研读。也就在那时候，他的文学修养和对作品的解读功力与日俱增，以至于大学毕业后到上饶一中教语文时，教科书上那点知识教起来游刃有余，剩下的时间大多泡在学校的资料室里。他记忆犹新的是，当时管理资料室的陈老师特别关照他，还说："你想看什么杂志和书，告诉我，反正这个资料室数你看的书最多。"那时，他最喜欢的杂志是《新华文摘》《文史哲》《读书》等，三联书店出的《读书》杂志，他至今仍在订阅，每次出差都随手带上一本，每次阅读都有种回到从前的感觉。

"如果说我有一点儿读书底子，那么除了在大学里留下来的，就是这个时候留下来的。"程红兵说。

"批判意识其实是一种阅读习惯"

凡是听过程红兵讲课或读过他文章的人，都折服于他缜密的推理和严密的论证。这在很大程度上离不开他热衷的逻辑学。

程红兵坦言，大学四年，对他影响最大的一本书，就是被誉为"思维的广播操"的黑格尔的《小逻辑》，"当时100多名同届同学，我的逻辑课的考试分数是数一数二的。"教他逻辑课的胡正谒老师是当时江西师范学院中文系仅有的两位教授之一。由于胡老师推荐，程红兵买来了《小逻辑》，与《形式逻辑》对照阅读，还做了详细的读书笔记。深奥的理论部分看不懂，他就画表格，一一对应着试着理解。后来读丹纳的《艺术哲学》和朱光潜的《文艺心理学》《西方美学史》，他用的也是画表格的方法，"画一画，许多东西就清楚了。"程红兵对阅读有独到的见解。

对逻辑学的研究让程红兵受益匪浅，也让他养成了爱琢磨、关注旁例或反例的思维习惯。在上饶一中教书时，他讲课属于天马行空的那种。学校虽然不管，但是有一点非常看重，那就是高考成绩。他觉得，任何东西都是有规律可循的，于是开始研究高考题型和解题技巧。他把历年高考题目按照知识点和解题规律分类，把这些题目分析透彻之后，不是灌输给学生，而是摆在学生面前，让他们自己发现解题的规律和技巧。这样，学生印象深刻，轻松掌握了很多解题技巧。

爱琢磨的个性让他所带班级的考试成绩总是名列前茅，也将他从课堂上彻底解放出来，他有了更多的读书时间。

程红兵看书喜欢思考，如果觉得文中某个地方不对劲，就将之记在本子上，有了电脑后，就敲下来存档。隔一段时间后，再来看自己是否还坚持当初的意见。如果依然觉得是作者说得不对，就收集资料，写出哪里不对。

1990 年，程红兵在《语文学习》杂志上看到魏书生的《论语文教学的科学管理》一文，很有感触。魏书生当时在语文教学界乃至整个基础教育界都有很大的名声。但他看着看着，感觉不对。魏书生"人人有事干，事事有人干，时时有事干，事事有时干"的管理方式，不是把学生当人来管，而是一种过于标准化的管理方式，是违反教育规律的。于是，他在文章中提出质疑，得到许多人的赞同，连魏书生本人也表示认可。

就是因为有这种读书习惯，他发表的《对高师中文专业教育的反思》痛陈师范院校教出来的是不懂教学、不会教学、不知教学管理的学生，他的《千校一面，万人同语》一文批评了学校办学中的同质化现象，他的《公开课，不要再演戏了》一文直指公开课作假的现象。而对于高中越来越重视应试的倾向，他著文表达高中不是大学预备班，而是要为学生的人生和精神奠基。他的《当下学校办学中的伪现代化现象批判》一文锋芒毕露，直陈当前基础教育界受社会思潮的影响，存在三种伪现代化的办学行为：学校实验室的"现代化"，学校环境的"现代化"，教育口号的"现代化"。学校成了没有历史的学校，成了失去记忆的学校。他认为，学校教育的现代化核心应该是学校文化精神的现代化，这是学校的根基和可持续发展的动力源。

"批判和建设是我阅读中的两条线，在我的头脑中不断形成，"程红兵说，书读得多了，知道得多了，不自觉地就会做比较。一比较就知道什么是毫无意义的伪问题，什么是有价值的真问题。"我这个人看到问题不说出来，心里就难受，但我不刻意去吸引别人的眼球。思考成熟了，才敢说。"2011 年暑假，他去美国一所著名中学访问，几天下来，他的感触很深，在回国的飞机上写下《误读美国教育——中国英才教育批判》，观点振聋发聩——"如果中国基础教育，尤其是高中教育不加改变的话，未来科学世界的高峰仍然是美国人的"，引起很大反响。

"读出教育的本真与内涵"

有人说，程红兵是一个"另类校长"，表现之一就是敢做许多校长不敢做的事。在我国当下的高中，尤其是重点高中，坚持给学生上课的校长寥寥可数。很多校长怕上课，因为学科考核跟在后面，比不过其他教师会很丢脸，面子没处放。

在担任校长期间，程红兵坚持带班上课，而且他所带的班级的高考语文成绩在年级组里，每次都是第一名，让同行们心服口服。其中的奥秘，说到底是阅读带给他底气，是阅读让他的班级收获了一个又一个惊喜。

每当接手一个新的班级，程红兵都会布置特殊的语文作业：每课一诗、每月一书。第一节语文课的惯例是按学号让学生介绍一首诗，然后全班同学将之背下来。每个月他都要求学生读一本文学名著，先由他推荐，后来是学生相互推荐，再后来由学生自己选择一本文学名著。三年下来，他和学生们一起读了几十本文学名著，在一颗颗年轻的心灵埋下了读书的种子。毕业十年后，还有学生打电话给他，问他最近在读什么书，请他推荐。他的女儿高中时就在他所带的班级。女儿从复旦大学毕业后去美国硕博连读，随身带的几本书里没有一本专业书，都是文学名著。

"现在语文教育最大的问题，就是语文教师的功底太差，不看课外书，只看教参，没有人文积淀，对文本的理解和分析不够，与学生没有知识落差。"程红兵说，现在一些校长也渐渐地离学生远了，离教育的初衷渐行渐远。学校追求现代化，却见物不见人，见事不见学生。还有的校长追求学校宾馆化，背离了精英教育的本原。"教育的核心价值追求，应该体现在办学目的上，那就是为了学生终身可持续地发展，为了学生健康快乐地成长。"

多年的阅读不仅让程红兵对语文有了深切的感悟，对教育的理解也逐渐加深。他越来越发现，教育的关键在教师，而守护教育的根基在课堂。而今，他将视角逐渐从校园文化转向课堂教学。每次听课，他不会坐在教室后面，而是坐在黑板两边的位置，因为"可以看清课堂全员参与和交流的情况，能观察到每个学生的表情"。而且，不只是语文课，他也喜欢听数学课、体育课、音乐课，他跨学科的评课往往让执教老师很信服。

2010年8月4日，程红兵调任上海市浦东教育发展研究院院长，从谋一校之发展转向谋全区近4万名教师的专业成长。他说："从教师到校长，站在校长的角度看教师、看语文教学，我有许多新的发现，更深地理解了语文教育在中学阶段的地位、功能；站在区域教育这个更宽广的平台上看校长、看学校办学，也对学校有了更新更深的认识。工作的最后10年，我希望能做些更富于挑战性的事情。"

平台变了，角色变了，关注点变了，但不变的除了他的教育情怀，还有他心中对阅读的无限热爱。

 且读且悟

1. 中学时代是最快乐、最自由的，因为没有考试压力，不要求读书，反而读了很多书。

2. 四大名著培养了我对文字的敏感，在我心里埋下了一颗文学的种子，让我成为一个纯粹的文学青年。

3. 现在语文教育最大的问题，就是语文教师的功底太差，不看课外书，只看教参，没有人文积淀，对文本的理解和分析不够，与学生没有知识落差。

4. 教育的关键在老师，而守护教育的根基在课堂。

 读书解惑

"名师与普通教师的区别在于坚持"

记者：很多名家都提倡教师阅读教育哲学之类的书，这类书对普通教师到底有多大作用？如何才能让这类书真正内化到教师的教育教学中？

程红兵：教育哲学还是应该读一些的，原因在于，教育哲学能帮助教师思考教育的本原性问题，帮助教师回到教育原点来思考教育的基本问题。

当下的课程改革有一种技术化倾向，教育教学多沉浸在技术层面，教师更多地热衷于讨论教学的技术问题，如同课异构、现代教学技术手段与学科教学的整合、教学模式等。这些东西固然是重要的，但我认为不是最重要的。只关注这些而不考虑教育的根本性问题，会导致课程改革流于形式，浅表化、简单化，深入不下去。课程在文化层面没有多少变化，依然是比较保守、封闭的，用一个形象的比喻就是缺钙。

美国学者阿莱克斯·斯坦迪什认为，教学不仅仅是一门技术，还需要教学理论、哲学、文化的支撑。如果教师对教育理论、儿童心理学、教育哲学、教育历史以及学科知识没有掌握，那么他们是不应该教学的。这些对于一个师范生理解他的角色、形成自己的教学理念、树立成为一个合格教师的信心是非常关键的。缺少这些，教师怎么可能知道教什么，以及某种知识对于学生学习的重要性呢？

教学不能被简化为科学。我们选择把什么教给学生以及如何去教，某种程度上也是道德问题。诗人纪伯伦说得好："我们已经走得

太远，以至于我们忘了为什么而出发。"我以为教师也好，校长也罢，应该思考最重要的问题——教育的价值取向、文化旨归、哲学意义以及终极目标，这些最终将决定教师的教学行为，决定我们的教育话语、教育细节。

记者： 语文教育需要批判和建设，但当下学界对语文教育批判得多，建设得少。您觉得如何构建真正适合学生的语文教育？换句话说，您认为语文教育的出路在哪里？

程红兵： 批判是需要的，但语文教育事业更需要学理性批判，需要基于建设好语文教育这一目的指向的学理性批判。坦率地说，仅有这样的批判还是不够的。

语文教育的出路在哪里？我以为在于常态环境下的语文教育科学实验。而这一点恰恰是这些年来语文教育事业所缺乏的。实话实说，今天的教育环境已经变得非常浮躁，教育的外围——社会到处是急功近利的现象，这也影响了很多教育界人士，一边号召课改，一边马上树立典型；一边启动课改项目，一边开始经验介绍，展示课改成果。这种现象比比皆是，本身就是急功近利的表现。教育是复杂的，那种希望快刀斩乱麻的心态，那种希望毕其功于一役的心态，最终都将昙花一现。

教育是慢的艺术，现在，语文教师、语文教育专业研究人员更应该静下心来踏踏实实地搞教育教学实验，特别是常态下的语文教育科学实验。要多务实，少务虚，做一些大样本的科学调查，做一些大规模的跟踪分析，力求科学严谨，力求切合实际。不要把力气都用在名目翻新上，不要期望建立一个改变一切的教育模式。要知道，对语文教育的探索并不一定要在一个时期内解决所有问题，要知道有些问题是有解的，有些问题今天无解，明天可能仍然无解。这才是科学的态度、实事求是的态度。唯有如此，语文教育的问题才能获得真正的解决，语文教育事业才能进步。值得欣喜的是，现在已经能看到一些语文教育专业研究人员、语文教师开始这样做了。我们更相信并期待脚踏实地、埋头苦干的人会越来越多，那就是中国教育的希望所在。

记者：您觉得从普通教师迈向名师最难的一道坎儿是什么？在阅读上，您觉得普通教师如何完成向名师的蜕变？

程红兵：我知道回答这个问题是有风险的，一不小心，别人就会认为你以名师自居，于是招来各种不必要的麻烦。但是，既然问起，我也不便推辞，推辞也会让人觉得矫情。

说句实在话，普通教师和所谓的名师原本没有多少差别。没有智商的差别，所谓的名师并没有几个是高智商的，或者说得极端一点，所谓的名师大都是智商平平的，没有超乎常人之处。没有学历的差别，一般名师的学历并不是特别高，学历高的也未必能成为名师，更有许多名师是学历不达标的，比如钱梦龙、魏书生都没有上过大学，没有学士学历，更没有硕士、博士学历，但这不妨碍他们成为人们公认的名师。没有资历上的差别，不能说年资高的教师就是名师，不能说年资低的教师就成不了名师，事实上有些名师成名很早，30多岁就成为特级教师，成为全国名师，而有些年资很高的教师直至退休也没有成为名师。

我以为，名师与普通教师的区别就在于韧性、在于坚持。以于漪老师为例，上一两堂好课不难，难的是不断地上出好课，上出几千堂好课；发表一两篇文章也不难，出版一两部著作也不难，难的是一辈子都在学习，一辈子都在思考，但于漪做到了。这就是名师与普通教师的差别所在。于漪老师常说："我当了一辈子教师，一辈子学做教师；我上了一辈子课，上了一辈子令人遗憾的课。"这两句话充分表明名师之所以成为名师的关键所在。

虽说阅读可以影响人，但只有坚持阅读、不断思考才是改变人的关键所在。

 推荐好书

《美国语文——美国著名中学课文精选》，张健鹏、胡足青主编，马浩岚编译，中国妇女出版社 2011 年版。

推荐理由：教师应该做到心中有人、有学生，胸中有本、有教材。所谓"有教材"，很多人理解为对所教教材非常熟悉，炉火纯青，这固然不错。但我以为，还应该对教材进行比较研究。我曾经组织教师对国内现行各种版本的语文教材进行研究，还研究台湾的语文教材。只有比较才能真正吃透教材，才能居高临下地驾驭教材，游刃有余地使用教材。该书是美国当代的中学语文教材，选编的课文以美国历史发展为线索，取材于不同时代具有广泛社会影响及文学代表意义的著作。很显然，它与我们国内现行的语文教材有着非常显著的不同，无论是编写线索、体例，还是课后的问题指南、作品累积等，差异都很大。书中所体现出来的人文性、开放性、综合性，都对我们有积极的启发。

于永正
一辈子做个读书人

小学语文特级教师，教育部"跨世纪名师工程"向全国推出的首位名师，江苏省特级教师，荣获"江苏省劳动模范""全国五一劳动奖章"等称号，享受国务院政府特殊津贴。著有《教海漫记》《于永正与五重教学》《于永正教育文集》《我的教育故事》等。

于永正

阅读是他一生的必修课，即便古稀之年依然手不
释卷。

他痴心语文，博览群书，读书让他的心与课变得
无比细腻与柔软。

他常言，读书就是读自己；读教结合，他的专业
成长之路始终与书香为伴。

于永正：一辈子做个读书人

首次见到于永正，是在他的公开课上。

偌大的讲台上，满头银发的老先生语言风趣，沉着自信，又不乏激情，教学经验娓娓道来，让听者沉醉其中。讲到兴奋处，他还哼唱了京剧《春秋配》选段，声如天籁，婉转悠扬，整个课堂焕发出动人的光彩。晚上去采访他时，见他在房间里正捧着一本书随意翻读。

"不看书晚上睡不着，这么多年一直都这样。我的专业成长之路就是伴着阅读、思考与实践一路摸索，并没有其他的秘密。我呀，爱极了当一名小学教师，注定了要当一辈子的读书人。"于永正笑着说。

"我很幸运遇到了好老师"

谈及缘何走上阅读之路，于永正归因于遇到几位爱阅读的好老师。

"我的小学班主任是一位语文老师，姓张，态度好、写字好、音色好，朗诵时声情并茂，感觉特别美，"于永正说，受张老师的影响，他很喜欢上语文课，也爱上了阅读，"我忘不了张老师在我的作文本上画的许许多多的红色波浪线。有时候，一篇作文几乎都画上了波浪线，虽然不一定全篇都是妙词佳句，但其中饱含着张老师对我的期冀和鼓励。可以说，那一条条波浪线拉近了我与书的距离。"

上了初中后，仿佛命中注定似的，依然有优秀的语文老师在等待他、影响他。初一那年，因为一次习作写得不错，班主任李晓旭在他的作文本上写下评语："此文有老舍风格，可试投《中国青年报》。"于永正清晰地记得，那篇习作他写的是一位同学，用的都是比较调皮、搞笑、有趣的语言，写作时自己的脸上甚至是笑的。"因为李老师的激励，我开始做起了作家梦。"于永正动情地说。

在随后的那段时间里，于永正像饥饿的人寻找食物一样，满图书室找老舍的书。他借的第一本书是《离婚》，刚读到第一页就笑了，他也觉得自己骨子里有着与老舍一样的幽默。之后，他又看了《骆驼祥子》和老舍的其他短篇小说集，凡是能找到的老舍作品他几乎都看了，并且深入研究老舍的写作风格、写作模式。"老舍的小说语言简单直白，不绕圈子，这对我的写作有着很深的影响。我写作时也力求平实、真诚，让人一看就懂，不给读者添麻烦。"

因为想当作家，于永正的阅读有着两个鲜明的动机：一是学习新知，遇到精彩的段落写几句评语，并内化为自己的人生经验；二是关注语言，学习名家们都是如何表达的。"李晓旭老师曾鼓励我走写作之路，还在本子上留下几页赠言。一是让我博览群书，转而研究某个作家。二是告诉我怎么读书，如何在最短的时间内最大限度地吸收书中的知识。这两句箴言我一直深深记在心里。"

"虽然我没有成为作家，但是养成了读书、写作和思考的习惯，收获的是人格和思想的成熟，是文学逐渐感动、升华了我。"回忆恩师对自己的影响，于永正心存感激，他感激教师将他引入文学的世界，让他的内心变得纤细而柔软。他知道，读书带给他的不仅仅是开阔的视野，同时也让他懂得了形象的重要。讲课离不开形象，教育离不开形象，尤其是教师自身的形象，更是一种无声却意义深远的教育。"我懂得了这个道理，于是便努力地、不断地、自觉地打造自己的形象，打造学生听得懂且喜欢的课堂。"

1959 年，于永正考入江苏省徐州师范学校。入学不久，他学了《任瑞卿先生二三事》这篇课文，内心被这位出生于山东平度的老一辈教育工作者所感动，于是写了一篇读后感。这篇文章随即得到班主任赵维仁的赏识，被作为范文在班级朗读，而且还被拿到另外一个他教课的班级读。"我听说赵老师还把它推荐给其他语文老师看，那种被认可的幸福感和成就感是终生难忘的。"于永正说。

这种无形中的鼓舞，促使于永正系统地阅读了当代著名作家的作品，鲁迅、巴金、茅盾等的文集，他几乎都通读了。张天翼的《华威先生》幽默风趣，他读了很多遍；老舍的《月牙儿》平实清新，他也读了很多遍。师范二年级时，他读到苏联作家鲍·伊鸠姆斯基的小说《天职》，深受鼓舞，书中的那句"宁肯让生命燃烧，也不能让它冒烟"成了他的座右铭，此后他学习更加勤奋。

"读书是教师最大的修炼"

上小学时，于永正一阅读就上瘾。所谓上瘾，在于永正看来，就是不阅读会浑身难受。他的父亲在一所中学工作，学校订了很多报纸、杂志。从父亲那里，他开始广泛阅读并读上了瘾。

等参加工作后，于永正订阅了《参考消息》《报刊文摘》《读者文摘》等报刊，每期文章必认真阅读，这种习惯持续终身。每读到精彩处，他就将其抄下来，恪守"不动笔墨不读书"的古训，一笔一画地誊写在小本子上。鲁迅、叶圣陶的著作，他是边看边做摘抄的。和现在的学生一样，他既抄写感受深刻的句子和优美段落，也抄写名言名句，全部手写，分门别类。第一遍很乱，勾勾画画，第二遍再梳理一番。可惜的是，他做的很多书摘，"文化大革命"期间都被抄走了。

"我的记忆力很好，每到用时，我就知道到哪里去找资料，"于永正说，"很多人问我为什么我的课内容很丰富，其实是我平时注意积累，注意从读书中获得更多知识，从读书中找到迅速提取信息的方法。我每天都在读书，越读越觉得应该读。每当从镜子里瞥见自己的鬓角染上白发时，我便有被人猛击一掌的感觉，丝毫不敢懈怠。"

多年的读书习惯让于永正感觉读书能从根本上改变一个人，读书可谓教师最大的修炼。读师范时，他绝大部分时间都用来看书，一心研读教育名家名著，比如马卡连柯的《教育诗》《父母必读》《塔上旗》等著作。《教育诗》里面写了很多案例，核心理念是集体主义教育。"我记忆很深的是，书中记述了一个学生偷东西的故事。被教师批评时，犯错的学生痛哭流涕，决心悔改。马卡连柯说，据我观察，你还会有第二次。果然，这个学生又忍不住偷了人家东西。马卡连柯说，据我观察，你还会有第三次。但学生再也没有偷东西。让学生发自内心地改正错误，这其实就是教育智慧。"对此，于永正这样说。

从书中学来的教育智慧，在现实中屡屡被于永正派上用场。他坦言，自己读书最大的特点，就是理解了书里讲过的知识点后，在教学行为上体现出来。马卡连柯很注重与学生的交流方式，于永正也常常用递纸条的方式与学生沟通。有时候，他把纸条装在信封里，不封口，里面是表扬信，学生看后非常高兴。马卡连柯的教育思想中最重要的一点是爱学生、理解学生，于永正也学会了站在学生的视角看问题，把课堂真正还给学生。读《塔上旗》后，他明白小目标能引起大快乐，有好消息时便提前告诉学生，如周末聚餐、外出参观等，"让学生一个星期都揣着高兴"。他很少训斥学生，因为马卡连柯说过，温柔的劝说胜过严厉的批评。

自1962年走上讲台以来，于永正始终保留着四个习惯、一个爱好。四个习惯是读的习惯、看和听的习惯、观察和思考的习惯、操笔为文的习惯，一个爱好是唱京戏。他规定自己每天读50页书，睡前常翻的三本书是《论语》《叶圣陶语文教育论集》和苏霍姆林斯基的《给教师的建议》。他特别喜欢苏霍姆林斯基的作品，因为苏霍姆林斯基的著作是"做"出来的而不是"写"出来的，书中的许多故事更贴近一线教师的教学实际，更容易引起共鸣，有助于他跳出语文学科看教育，学会如何当好一名班主任，而不是仅仅当一名教书匠。

不过，在阅读之路上，于永正也有遗憾，最大的遗憾是古典名著读得少，在人生的最佳年华错过了阅读与背诵古典名著的黄金期。

"我上学时，正值特殊年代，苦闷于找不到书读。参加工作后有书了，但又没有时间和精力读了。学生时代一定要多读经典著作，这是为人生打底的，也是语文教师必不可少的精神底子。"

2007年，于永正办理了退休手续。回首20年当小学教师、23年当教研员的经历，他感触最深的是阅读推着自己不断朝前走，"我年轻时参加赛课，也分配答案，做了一些违反教育规律的事。但这么多年书读得越来越多，我渐渐知道了该怎么教书、怎么与孩子相处、怎么做人处事，每日三省吾身，见贤思齐，我庆幸养成了阅读的习惯，并受益终身。"

"我读书喜欢与别人分享"

退休之后，于永正没有离开一线，还带着徒弟。与徒弟交流最多的，还是阅读。于永正常告诫自己的徒弟，读书就是读自己。他说，"我从小接受的是读书要与实际相结合、学以致用的教育。我这个人读书喜欢想自己。我是抱着从书本中寻找智慧、思想和方法的态度读书的。如果读书不与自己、不与工作联系起来，学而不用，对我来说，读书就失去了大半的意义。"

"如果说我读书有什么诀窍，一是概括内容，看哪些话有启发；二是与人交流，与人交流让我收益很大。"于永正看到好文章，便忍不住推荐给同事和朋友，与他们交流心得。最早读苏霍姆林斯基的《和青年校长的谈话》时，他读到"只有不曾忘记自己曾是孩子，才能成为优秀的教师"，随后写成文章《最终把自己当成孩子》，分享给同事。关于是教课文还是用课文教的问题，他也与同行交流，明确反对课文内容分析式的阅读教学。关于生字教学中是否每个字都要教的问题，他提出语文教学的起点不是零，并不一定要从零开始。教研室同事张庆老师是他的老朋友，他俩经常分享读书心得——两人不分时间，哪怕是半夜三更也要交流一番，有时争论得不可开交，电话一打就是一两个小时。

于永正读书也善于抓重点和核心，这得益于他的小学历史教师白老师。"白老师讲课善于抓重点，他常常告诫我们，读书最重要的一点是抓住文章的核心思想、关键词，第一遍一个字一个字地看，边看边画重点，三四遍之后只看画的句子。老师这样说，我便这样做。"

1997年，于永正到徐州市委党校学习。在班里，他的学历最低、年龄最大，但许多大学毕业的同学都考不过他。在他看来，其中的主要原因是自己善于抓重点，把书读薄了。

"我读书并不多，读书速度也比较慢，但我肯思考，在认识上每有所得，便喜不自胜，并努力付诸实践，让理念转化为行为，转化为'生产力'。"谈及自己的阅读方法，于永正表示，他是思考型的阅读者，读书时他喜欢把自己摆进书中，把自己从事的工作摆进书中，用他自己的话说叫爱琢磨。读书看报爱琢磨，备课爱琢磨，上完了课爱琢磨，听别人讲话爱琢磨，听别人上课也爱琢磨，有时真是琢磨得食不甘味、卧不安席。但是，琢磨，出智慧；琢磨，出思想。

而且，他也强调读书一定要留痕迹：凡是不认识的字要查字典，为其注上拼音，写上注释；凡是不理解的词语，做个记号；凡是认为写得精彩处，画上波浪线；等等。"养成做记号的习惯十分重要，它可以帮助学生养成思考的习惯，可以培养学生抓重点的能力。什么叫会读书的人书越读越薄？其实就是会抓重点、提纲挈领、命中要害。"他曾从《报刊文摘》上摘抄这样一句话："杰文斯看见水壶开了，高兴得像孩子似的叫起来；瓦特也看见水壶开了，却悄悄地坐下来，造了一部蒸汽机。"这句话出自英国经济学家凯恩斯著的《成功的潜质》。这句话形象地说明，平凡的人和不平凡的人的区别主要在于一个不善于思考，一个则善于思考。

于永正建议教师多看文学作品，多读散文。他认为，许多教师不会写文章，是因为读的书太少了。同时，教师之间读书交流也不够，所谓独学而无友，则孤陋而寡闻。只有交流，才能碰撞出火花，才能生出教育智慧。

"读出来的教学勇气"

于永正有个故事广为流传。

《小学语文教学》杂志的编辑请全国小学语文界的名师谈教学经验。许多名师总结了自己成功的教学经验，按要求交稿。唯独于永正洋洋洒洒几千字，写的都是自己的教学失误。杂志社的编辑对于永正钦佩有加，"敢于解剖自己的教学勇气并非谁都有"。

讲台上的于永正始终保持着淡定与风趣。有人发现，课堂上的于永正全无一点师道尊严的架子，十足一个大孩子，"老顽童"一样。在课堂上，他时而侃侃而谈，时而翩翩起舞，时而微笑不语，课堂"全乱了套"，可孩子们偏喜欢这样被带入神奇的语文艺术殿堂。

每次听于永正的课，除了能感受到他始终理解学生、关心学生、把学生当成朋友一样的教育视角，还能感受到他高超的驾驭课堂的能力，以及自始至终的镇静，而这种镇静并非一朝一夕能练就的。

曾经，于永正的一个徒弟见网上有批评老师的话，便为他争辩。于永正得知后，便对这个徒弟说："首先要感谢这些批评我的人。批评是深层次的关心。接着要思考别人说的、骂的有没有道理。我们虽然还不能像子路那样'人告之以有过，则喜'，但至少要冷静，要思考，做到有则改之，无则加勉。"为此，他还专门写了一篇短文，让这个徒弟发到网上。

"每个人都要敢于否定自己，批判自己，解剖自己，这样才能尽快成长起来。"于永正坦陈，年轻的时候，他也是一个"隔着讲桌和学生对话"的人，也是一个"只凭成绩和分数来衡量和评价学生的精神世界"的教师。但大量阅读后，他变了，开始不断纠正自己，明白了如何做人，如何给孩子真教育，从而有了课堂上和生活中的那份从容与淡定。他越来越觉得，阅读不仅开阔了自己的视野，厚重了自己的人生，还提升了自己的精神高度和人文修养。

于永正常说的一句话是"教学是一门遗憾的艺术"，而他专业成长的过程就是接受失误、改正错误的过程。在讲授《画鸡蛋》一文时，于永正自我感觉很不错。课后，听课教师问坐在后排的一个小男孩："你说达·芬奇是男的还是女的？"小男孩摇摇头。同桌的小女孩看了小男孩一眼，用瞧不起的语气说："学了半天还不知道达·芬奇是个女的，真笨！"听课教师忍不住哈哈大笑。这笑声像鞭子一样抽在于永正的心上，让他感到不适，但他觉得听课教师问题提得很好，虚心接受了听课教师的意见。后来，于永正应邀到一所小学再上《画鸡蛋》一课时，不但没有留下遗憾，还教会了学生如何从字里行间获取信息。

在于永正看来，鞭挞虽然让人疼痛，让人难堪，让人感到遗憾，但收获的却是自省，是奋进，是进步。在很长一段时间里，他坚持写"教后感"，即每教完一课，便记下成功与不足。例如，在《小交通员》的"教后感"里，他写道："这一课我是采用'变序法'教的，即一开始抓住'随机应变'一词，然后让学生读书、思考并回答欧阳立安是怎样随机应变的，效果较好，重点很突出。可是，回过头来处理第一、二段时，太不简洁，又把重点湮没了。变来变去，把自己变懵了。其实，第一、二段写的是欧阳立安之所以能随机应变的原因，这两段读一读、点一点就行了。"

正是这种不断反思的习惯，练就了于永正愈加淡定从容的教学气质，他的语文教学也被越来越多的人关注、欣赏，渐渐自成一家，特色突显。他提出的"以学生为本、以读书为本、以创新为本"的教学理念，以及"重情趣、重感悟、重积累、重迁移、重习惯"的教学特色，得到了小语界人士的普遍认同，并在全国推广。他的老友张庆为他撰写了一副对联，上联是"这也忘那也忘唯上课不忘"，下联是"此亦长彼亦长数语文最长"。

于永正卧室的墙上，挂满了一张张照片——他与老伴从青春年少、而立之年到夕阳正红的留影。这些留影与家里四处可见的书相映成趣，见证了他的心性，也见证了他的成长——一辈子的读书人。

且读且悟

1. 我每天都在读书，越读越觉得应该读。每当从镜子里瞥见自己的鬓角染上白发时，我便有被人猛击一掌的感觉，丝毫不敢懈怠。

2. 学生时代一定要多读经典著作，这是为人生打底的，也是语文教师必不可少的精神底子。

3. 如果说我读书有什么诀窍：一是概括内容，看哪些话有启发；二是与人交流，与人交流让我收益很大。

读书解惑

"教师要练就扎实的基本功"

记者：和一些小语界的名师不同，我感觉您的教学思想和教学方式更容易被一线教师学习和模仿。如果一线教师想学您，您更希望他们学您的哪一点？

于永正：如果想学我，就要多练基本功，比如，写一笔好字，会朗读，善于钻研教材，写一手好文章。语文教学说到底取决于教师的语文素养，一个语文素养高的教师怎么教都能教好。

教师写字漂亮，在黑板上示范，学生便很容易掌握汉字的写法。教师朗读能力强，比空谈哪里要停顿、哪里要重读等效果更佳。小学语文造句很多，教师不可能只根据教材造一个句子。例如，用"袅袅"造句，书上的例句是"茉莉花的香味袅袅钻进我的心中"。这其实只采取了"弥漫"一个意思，如果仅限于此，就把书教死了，狭隘了。但如果教师将"袅袅"一词用于炊烟、歌声的描绘，就给学生打开了更广阔的视野。作文教学也是如此。叶圣陶说过，教师要多写下水文，多写写、练练，这样再看学生的作文才能知道写作难点在哪里，进而指导学生怎么写。

我希望教师们不要学我的技巧、方法，要多练基本功。另外，教师心里不仅要有语文，还要有学生。许多教师的眼里只有语文，没有学生，目中无人。教师应该关注学生的学习状态、情绪、课堂专注度、学习习惯。教师是教育工作者，是组织者、引导者，应该从育人的角度教语文，提高学生的学习积极性，培养学生的学习习惯和学习方法，否则谈不上让学生有好的学习成绩。

记者：课堂上，您有时为学生唱几段京剧，表演惟妙惟肖。熟悉您的人都知道您酷爱京剧。您觉得京剧在您的教学生涯中有怎样的作用？您是否建议每位教师都能掌握或学习这门艺术？

于永正：一位教师尤其是语文教师，要有点艺术细胞，这样才能在语文课上，把枯燥的文字变成视听享受，激发学生的思维和兴趣，使学生展开无限的想象。我的课堂上经常有朗读和表演，形象化的东西多一点，让学生感到上课是一种乐趣，把语文教活，而不是把本该活泼的课堂变得鸦雀无声。其实，艺术对于成就一个人的作用非常大。没有艺术的教育是不完整的教育，艺术对人的熏陶、对灵魂的净化、对想象力的激发都有不可替代的作用。相对来说，如果一个人不喜欢艺术，就会缺少一点儿灵气，可能会把有生命力的课堂扼杀了。而我们的教育往往忽视了这方面的东西，很多学校没有音乐课，是很令人遗憾的。

教师不一定非要喜欢京剧，当然喜欢京剧更好。老实说，京剧的唱念做打、独白等对我的语文教学有很大启发。我看了《第56号教室的故事——雷夫老师中国讲演录》一书，发现雷夫老师经常让孩子们演戏剧。虽然表演的场景很简单，但孩子们的投入程度非常高，在表演中了解了戏剧人物，懂得很多人生哲理，给课堂带来无限生机。

记者：您常说"教学是一门遗憾的艺术"，在您看来，您的教学生涯中最大的遗憾是什么？如果生命可以重来，您会怎样当教师？请您分享一下您的心得。

于永正：我最大的遗憾就是年轻时不会教，不懂得教育规律，跟着感觉走。过了40岁之后才明白一点门道，真正懂得教育是怎么回事，进入自由王国是50岁以后。这一点我非常佩服孔子所说的"三十而立，四十而不惑，五十而知天命"。其实，教语文很简单，一是多读，二是多写。

在小学阶段，很关键的一点就是多学国学，背诵古代经典名著。幼时背诵的东西记得非常牢，一生难忘。但是当我认识到这一点时，已经退休了。现在，许多学校重视国学诵读，这是好事。如果我在教学生涯中更注重这一点，我的学生就会更优秀。我的学生武亚娟给我讲了几件事。她的爱人回家后跟她说了一些单位的事，说到气愤处吐出几句脏话，她的儿子对爸爸说"秽污词，市井气，切戒之"。吃饭前，她叫儿子吃饭，儿子不坐，说"长者立，幼勿坐"。她与儿子下棋，连输了5盘，恼得离席，儿子又说"不如人，当自砺"。这个孩子之所以这么懂事，就是因为武老师在儿子3岁的时候就开始教他背诵《弟子规》等古代经典，益处也显而易见。

我还有一个遗憾是对学生写字重视不够，或者说没有按照习字规律去教。如果人生可以重来，我想按照描红、仿影、临帖的习字规律去教，无论是硬笔还是软笔，都要这样。现在的小学生普遍写字不好，应该引起重视，等孩子上了中学再强调就已经晚了。我现在写字都用电脑，很多字不会写，是个不合格的语文教师。

记者：您的女儿走上教育岗位前，您写了《给新教师的20条贴心建议》。如今看来，这些建议依然让年轻教师受益匪浅。除了这些建议，您是否还有其他观点和教师们分享？

于永正：我写那些文章主要是给年轻教师管理学生提的建议。除了教育管理之外，我建议教师们多读书。读书能真正改变一个人，无论是对自己还是对学生。要想让学生有所改变，就应该让他养成读书的习惯。我建议教师们多读名人传记，尤其是教育家的传记。

我喜欢教师一边教学一边实践，多反思，这样才能实现专业成长。一节课后、一个学期后，常反思自己教学的优与劣，会更快地成长。其实，任何一堂课，一定有优点，也一定有值得改善的地方，而善于从实践中总结，慢慢积累，会更快地成为名师。很多教师教了一辈子书，也没有长进，主要原因是他一直在简单重复，原地转圈。

我还建议教师多与同事交流，在思维的碰撞中会有更多启发，好多事情想不通，但沟通之后就明白了。交流时，我建议最好找高手。弄斧就要到班门，跟有经验的教师、名师交流，会有更多、更意想不到的收获。

 推荐好书

《给教师的建议》，[苏]B.A. 苏霍姆林斯基著，杜殿坤编译，教育科学出版社 1984 年版。

推荐理由：苏霍姆林斯基长期在教学一线，他对教育的观察和理解更贴近实际。书中的建议对刚刚登上讲台的年轻教师很有启发。

吴正宪
人生两大乐事是读书和教书

　　小学数学特级教师，正高级教师，国家督学，全国人大代表，教育部中小学教材审查委员会审查委员，第十一届北京市政协常委，民进中央委员。荣获"全国模范教师""首都基础教育名家"等称号，享受国务院政府特殊津贴。著有《吴正宪给小学数学教师的建议》《听吴正宪老师上课》等。

吴正宪

她16岁登上讲台，先教语文，再教数学，做了多年班主任，绰号"小老师"。

她爱读哲学和儿童心理学书籍，她的数学课充满智慧和笑声，流淌着浓浓的人文情怀。

她是孩子们喜爱、追捧的老师，老师们尊敬、信赖的教研员，更是勤奋、踏实的教育研究者。

吴正宪：人生两大乐事是读书和教书

约访吴正宪用了一年多的时间，因为她实在太忙。

在过去的一年里，她关注农村教师和年轻教师的专业成长，忙着深入北京边远地区学校调研指导，忙着北京市教委"名师同步课堂"的备课、录课任务，还忙着"吴正宪小学数学教师工作站"的指导工作……但是，忙碌中，她始终保持着饱满的情绪、乐观的心态，用她自己的话说，是在享受一名教师所特有的职业幸福。

等到坐下来采访吴正宪，见她房间的书桌上、角落里摆着不少书：郑毓信教授著的《小学数学教育的理论与实践：小学数学教学180例》、马云鹏教授主编的《小学数学教学论》……聊起自己的专业进步，她更多地将之归功于阅读。读书，让她发现了数学教学的哲理与门道，并学会用艺术的形式讲授数学；读书，让她静心走进儿童世界，并与儿童心相近、情相连；读书，让她恪守理想，脚踏实地，厚积薄发，一步一个脚印地前行。

"对我而言，职业生涯中最幸福的两件事：一是读书，二是教书。"吴正宪说。

"读书，让我发现数学的哲理与门道"

在学生时代，吴正宪就有"小老师"的绰号。绰号来自吴正宪的成长经历。20世纪60年代末，刚上初中的吴正宪就登上讲台，为全区教师上数学观摩课"二元一次方程组解应用题"。听课的一位专家断言"这孩子是做教师的料"。1970年，16岁的她成为一名小学教师。她至今还记得工作的第一天，上身穿着一件黄色毛衣，上面绣着"心求通而自奋也"——那是妈妈为她绣的格言，以时刻激励她奋发向上。

为了教好每一堂课，"小老师"吴正宪白天努力工作，晚上发奋读书。受家庭影响，她从小就喜欢看书，尤其酷爱历史和文学名著。她读过范文澜的《中国通史》。当时文学名著少得可怜，每得到一本后，她都像找到宝贝一样爱不释手。她的哥哥嫂嫂也爱读书，中国古典四大名著、巴金的"激流三部曲"、曹禺的《雷雨》、列夫·托尔斯泰的《安娜·卡列尼娜》《复活》等，他们常常一边阅读一边讨论。

吴正宪还对自然科学书籍比较感兴趣，如达尔文的《物种起源》。在那个流行"读书无用论"社会风气的年代里，许多年轻人无所事事，她却喜欢宅在家里幸福地在书海里徜徉，享受读书的快乐。古典诗词吴正宪也喜欢，当初她抄写的《唐诗三百首》，至今还珍藏在书柜中，为她十年的语文教学奠定了较好的基础。

凡是去过吴正宪家的，印象最深刻的就是她家书桌上摆满了一摞摞书，书柜里整齐地放着图书、学习笔记和教学光盘。

1980年7月，吴正宪完成了在北京第一师范学校为期两年的培训学习，来到北京市崇文区锦绣街小学教书。因为教师紧缺，她既教语文，又教数学，还担任班主任工作。虽然有了近十年教语文的教学功底，但改教数学对她来说很有挑战。她蹒跚摸索，不知所措。于是，在那个暑假，她从研读教材入手，找来第1册至第12册小学数学教材，用了整整一个假期，把书中所有的例题、思考题及有代表性的练习题全部做了一遍。她查阅了大量的参考资料，并根据数学知识的内在联系整理出知识网络图，写下了几十万字的学习笔记。至今，20多本密密麻麻写满学习体会的笔记本和教学随笔她还保留着，两次乔迁新居，她忍痛淘汰了不少书，但对那些发黄的笔记本却情有独钟。

在吴正宪看来，她的数学教学能独树一帜，得益于她对哲学与心理学书籍的阅读。1983 年，针对学校推行题海战术、学生作业堆积如山的现状，吴正宪苦苦思寻对策。20 世纪 80 年代初期，她走进马芯兰老师的课堂，一心想学习她的教学方法，也想让自己班的学生"4 年完成 6 年的数学学习任务，提前两年参加统考，并名列前茅"。她曾经在上学期就把下学期的教材刻印成讲义，提前发给学生，结果欲速则不达，教学效果并不理想。恩师刘梦湘告诫她，学习马芯兰教学法不能表层的照葫芦画瓢，而要学习她的"真经"。教学改革不是简单地提速，重新组合教材必须重视知识本身的内在联系和学生认知规律这两个基本点，并建议她多阅读哲学类书籍。从那以后，吴正宪细读了《矛盾论》《实践论》等经典哲学理论书籍，于是，一条清晰的教学思路慢慢地在她眼前展开。

"数学与哲学之间有着很密切的关系。其实支撑我数学教学改革的是哲学理念，"吴正宪认为，"数学是一门解决问题的具体科学，哲学则是系统化的世界观和方法论。哲学以数学等具体科学为基础，而哲学又为数学等具体科学的发展提供指导。在数学教学中，要善于把握知识点的联系，培养学生系统思考的能力，使思维更加深刻。"

例如，按照辩证唯物主义对立统一的规律，吴正宪打乱教材编排的顺序，将数学教材中一对对"易混"且"互相矛盾"的概念安排在同一节课里学习，用比较的方法、对比的手段揭示概念内涵。数学中的许多概念相互矛盾、对立，如"正比例与反比例""因数与倍数""乘法与除法""无限和有限""偶然和必然"等，她就把这些内容组合、编排在一起教学，引导学生用"对立统一"的观点观察、分析事物的两个方面，体会一对对概念"互相依存"的关系，从而更加深刻地认识数学学习的本质。

又如，在几何教学中，她遵循辩证唯物主义"变中有不变，不变中有变""透过现象看本质"的基本观点，在引导学生学习"推导面积公式、体积公式"的过程中，充分发挥学生学习的主动性，放手让学生操作，通过"割、补、拼、平移、旋转"等方法把陌生的图形转化为已学过的知识点，再根据图形之间的内在联系推导出新图形的面积或体积计算公式，进而引导学生学会"在变化的图形现象中抓住面积、体积不变的实质"，感悟辩证唯物主义"透过现象看本质"的基本思维方法。

依据数学知识本身固有的内在联系，依据逻辑辩证法，吴正宪提出了"六条龙教学法"。她从改革教材入手，将小学数学知识组合成六个有联系的知识系统，对小学数学的"教法、学法、考法"进行了全方位改革，当时被称为"小学数学归纳组合法的实验"。这项数学教学改革实验在教育界产生了很大影响，1986 年还通过了 10 个单位的专家鉴定，并获北京市首届教育教学成果奖。

吴正宪在教学中引导学生在数学王国中感受数学严谨的科学美、辩证的哲理美、绝妙的逻辑美、简洁的形式美……更重要的是，她在让学生获得数学知识的同时，也受到科学思维的启蒙，提高了学生解决实际问题的能力，在她看来这才是真正的数学教育。

"读书，让我与孩子的心更近"

20 世纪 90 年代初期，吴正宪应内蒙古自治区某教育局的邀请，为当地教师上"相遇"的示范课。一上课，她就热情地和学生打招呼，但学生个个端坐着，脸上没有任何表情，也没有一个学生应答。她问道："哪个同学知道什么叫'相遇'吗?"还是没人回答。"不想说，你们自己就用手比一比也行。"学生依然呆呆地望着她。

面对冷场，吴正宪用儿童的话语系统拉近了与学生的距离，又创设了学生活动的情景让学生体会什么是"相遇"、什么是"同时"等有关概念。学生们的情绪渐渐高涨起来，从开始的一言不发，到抢着发表见解。下课了，孩子们拉着吴老师的手，久久不愿离去……那情、那景，至今都让她记忆犹新。

下课后，教育局的领导向她透底："这个班是全地区公认的后进班，我们就是想看看来自首都的教师面对这样的班级如何施教。"现场的听课教师被感动了，他们认识到，看来的确没有教不好的学生，只有不会调动学生积极性的教师。

有人这样评价吴正宪："吴老师的课不仅仅是用理智在上，同时投入了感情，倾注了她的喜爱、兴趣、同情和幽默，学生受到了感染，产生了情感共鸣。这种情感的交流与共鸣是教学活动化平淡为神奇的催化剂。她对学生情绪的了解与调动，使干巴巴的课堂变得妙趣横生、丰富多彩。"

实际上，从教之初的吴正宪并没有如此神奇的本领，自认为备得很理想的一节课，学生却常常不感兴趣。为此，她也深深苦恼过。

1986年深冬，一个风雪交加的下午，吴正宪听了著名儿童心理学专家张梅玲的专题报告。当听到"心理健康、心理体验、新型师生关系、人文精神"等名词时，她立刻被打动了，并开始反思自己"为何没想到孩子们的喜怒哀乐会与学习连在一起"。报告结束后，她主动向张梅玲请教。慢慢地，她与张老师有了更多的交流。张老师借给她《学与教的心理学》《现代教学论》等经典书籍。吴正宪如获至宝，一头扎进书中……

在后来的日子里，吴正宪又认真阅读了山内光哉的《学习与教学心理学》、林崇德的《智力发展与数学学习》、巴班斯基的《教学教育过程最优化》、苏霍姆林斯基的《给教师的建议》等书籍，为她日后的儿童教育与教学研究奠定了重要的基础。在阅读教育心理类书籍的过程中，她渐渐懂得，每一个儿童都是活生生的人，他们有情感、有个性、有独立的人格。教师要尊重儿童，用心地读懂儿童，真诚地和他们交朋友，友善地走进他们的心灵，要多站在孩子的角度去思考问题，努力把自己的生命和孩子们的生命融在一起。

于是，在窗外飘雪的课堂，吴正宪不会无视学生渴望打雪仗的冲动，会带领学生享受大自然，然后再专心致志地教学。面对学习有困难的学生，她不会另眼相待，而是满腔热情，为学习困难的学生创造体验成功的机会，帮他们找回自尊、自信，让他们有尊严地生活在集体中。面对枯燥的数学公式，她把数学与生活有机结合，满足学生天然具有的好奇心，让他们体会数学的应用价值，引领学生爱上数学。

例如，在揭示"三角形具有稳定性"时，她没有照本宣科，而是把一把快散架的椅子摆在学生面前，让学生思考"怎样修理才能使椅子牢固"。学生自然将"三角形稳定性"的知识用到了生活中。又如学习"比和比例"知识时，她带学生到操场，指着高高的旗杆提出"旗杆有多高，你有办法测量吗"，激发学生解决实际问题的兴趣。在解决问题的过程中，她从来不包办代替，而是充分相信学生，开发学生的潜能。她让学生设计活动方案，通过调查研究、收集数据、分析信息，来发现规律、获得结论。如让学生进行"春游方案""购物统计调研""实地测量"等活动设计，让他们体验数学在日常生活中的重要价值，不断开阔学生的数学视野，提升学生的数学素养。

在吴正宪看来，儿童的学习是一种探索性的试错过程，只有主动、积极地参与教学过程并获得直观体验，才能正确理解、内化所学知识。"如果教师只是一架传授知识的机器，那么学生就会远离你，师生之间的情感就是一片空白，课堂必然失去活力。"吴正宪说，每位教师都应该学习一点儿心理学，多了解一些心理学知识，这对教育教学有重要的促进作用。教师不能盲目教书，而要智慧育人。事实上，她的眼里没有后进生，她尊重和信任每一个学生，全身心地关心每一个学生。在学生面前，她展示的是一个真实而鲜活的自我，满怀真情地倾听学生的心声，帮助他们消除心理上的障碍，充分尊重并理解他们。

2008 年，吴正宪提出了符合儿童认知需要和心理特点的"既有营养又好吃"的数学教育理念，即强调数学教师应坚持向儿童提供符合其心理特征和能力水平的数学教育，促进儿童终身、持续发展所需要的基础知识、基本技能；同时，教师又能提供符合儿童身心特点和发展规律的教学手段，实现"营养"又"好吃"的双重价值追求，使儿童真心爱上数学，实现"乐学、爱学、学会、会学"的良性循环。

一位教师在听过吴正宪的课后，曾来信写道："您的示范课，用的都是我的学生。在您的课堂里，所有的学生都变得特别活跃，特别积极主动。一名'窝里窝囊'的学生在我的课堂上从来不敢发一次言，在您的课堂上却被激活了。您让我重新认识了我的学生，引起了我的很多反思。"

因为懂得儿童心理，吴正宪让孩子们爱上了学习，让他们充分感受到数学学习的乐趣与价值。凡是上过吴正宪课的学生都不愿意下课。有的学生感叹，"吴老师懂我们，上她的课，比玩儿还快乐。"北京光明小学四年级的一名学生听了吴正宪的课后表示："如果我是校长，就要把吴老师的课延长到两个小时，不，n 小时！"

因为懂得儿童心理，吴正宪深受孩子们的喜爱。每年教师节，她都会接到一批又一批毕业生的邀请，共度节日。毕业生们常常回忆当年与吴正宪在一起学习、交流的快乐时光……

因为懂得儿童心理，吴正宪赢得了全国各地许多教师的喜爱与信任，他们纷纷向她求教，希望成为她的徒弟、朋友。

用心地读懂儿童，专业地读懂教材，智慧地读懂数学，多年的阅读与实践，不仅使吴正宪找到了创造儿童喜爱的数学教育的途径，形成了自己独特的教学观，而且使她的数学课堂荡漾着浓浓的人文情怀。

"引领更多教师走上读书之路"

1994 年初秋，吴正宪结束了 25 年的小学教师生涯，成为一名教研员。而此时，她的阅读也上了一个新台阶。

与做一线教师相比，教研员的服务平台大了许多，研究时间充裕了许多，工作内容变换了许多，压力也随之增加了许多，但是不变的是阅读。她深知，不读书、不研究，就没有指导基层教师的资本；不读书、不研究，就没有为基层教师服务的底气。她很清醒地知道，此时的她多了一份责任，不仅要自己读书，还要带动基层教师一起读书，共同营造读书的教师研修文化氛围。

当了教研员后，吴正宪的阅读范围更广了。她有意识地订阅了全国著名的教育教学期刊和报纸。浏览教育期刊时，每当读到精彩的文章，她总是将之圈圈画画，折页、贴条、批注，或者剪下来做成集子，这样"一下子就抓住了重点"。每天晚上睡觉前，她习惯于把当天的报纸收集到一起，在台灯下一个版一个版地研读。读完一份便扔到床边，不知不觉地上的报纸堆了厚厚的一摞，"像一座小山"。因为掌握了大量的时事新闻及教育信息，她既能脚踏实地地低头干活，也能抬头看路，保持头脑清醒。

吴正宪还将多年的阅读体会与教学实践结合在一起，引领、影响周围的年轻教师快速实现专业发展。"作为一名教研员，首先要有资源意识，要把教师和学生作为重要的研修资源。"吴正宪说，她的团队经常进行同伴互动研修，如同读一本书，交流阅读体会；同上一节数学课，相互取长补短。她所领导的团队努力建立"人人平等、民主和谐、资源互补、相互学习、共同分享"的研修文化，使个体的教学经验升华为群体的专业资源。

"作为研究者，探索教育教学的规律是我的历史使命；作为教研员，满足教师的专业发展需求，帮助教师解决在教学实践中遇到的问题，是我的责任。"吴正宪常说，不论是探索教育教学的规律，还是帮助教师解决日常教学中真实存在的问题，都离不开教育理论的指导，而实现的途径无疑要靠阅读。在指导年轻教师方面，她最看重的就是帮助年轻教师养成阅读与反思的习惯。她常说："在专业发展上不能偷懒，要舍得花别人不肯花的时间，肯下别人不愿下的功夫，认真研读别人未曾读过的书。"

每次到远郊区县上课，吴正宪总是向教师们推荐经典教育书籍。

在"吴正宪小学教师工作站"网站上，每学期都能看到她向教师们推荐的书籍。工作站也定期召开读书会。2012年寒假，她把自己阅读过的上百本书送给了北京房山、顺义工作分站，与农村教师分享。

2012年，吴正宪荣获国务院"全国'两基'工作先进个人"称号。虽然获得了不少奖项和荣誉，但她依然奔波于农村偏远地区。她工作的大部分时间是和教师们、徒弟们交流如何让学生喜欢数学，如何让学生会学数学，如何实现教师自身的专业发展。

有人问吴正宪何谓幸福，她的回答很简单："每天和学生在一起高高兴兴地读书学习，看着他们快乐成长，就是幸福；每天和同行们在一起研究交流，看到他们不断进步成熟，就是幸福。"有人问吴正宪如何看待自己的职业价值，她说："我在年复一年、日复一日地付出和奉献，我也在年复一年、日复一日地收获。我收获了孩子们的真诚与渴望，收获了教师们的热情与期待，收获了社会的认可与尊重。同时，我也在探索教育教学规律的道路上，获得了专业成长的快乐，实现了个人生命价值与教师职业生命的和谐统一。"

 且读且悟

1. 数学与哲学之间有着很密切的关系，其实支撑我数学教学改革的是哲学理念。

2. 每位教师都应该学习一点儿心理学，多了解一些心理学知识，这对教育教学有重要的促进作用。

3. 要解决教学中真实存在的问题，离不开教育理论的指导，也离不开对教学实践的深入分析。而理论水平与实践能力提高的途径，无疑是大量的、不间断的阅读。

 读书解惑

"读懂孩子是教师的必修课"

记者：您常说教师要用心地读懂儿童，把满足儿童的心理需求作为一项重要任务。在您看来，小学数学教师如何通过阅读来做到这一点？请您给小学数学教师一些阅读建议。

吴正宪：作为小学数学教师，读一点儿杂书是有好处的，博览群书，开阔眼界，这样会丰富自己的内心世界和知识储备。另外，专业书要读，不读书一事无成，甚至没法完成教书育人的教学工作。只有读懂了专业书籍，才有底气跟专家对话。我还特别建议教师读儿童心理学的书，哪怕是浅显一些的。了解一下心理学知识，知晓与儿童交流的基本原则，这样不至于"好心办坏事"，有助于满足儿童的心理需求，收到"事半而功倍"的教育效果。

其实，每个儿童都渴望被关注、被认可、被欣赏、被关爱。了解儿童的心理需求，教育工作便更有针对性，做好教书与育人的和谐统一，而不是盲目教书。另外，我建议教师在读书方法上要学会对话、交流、反思。我深切地体会到读书后的交流很重要，包括与同伴、专家及家人交流，甚至与"业外人"交流，都会有收获。"三人行，必有我师焉"，我们应该主动与书互动，学会与书对话，做到"我在书中，书在我心中"。教师在看书时，应不停地追问自己"为什么提倡这样的理念""这种教学现象普遍吗""对待学生，是不是那样处理就好"，等等，从而做到在对话中反思，在反思中提升。

现在的教师仅凭借读师范时阅读的那几本书来教学是不够的。小学数学教师要读中学、大学的数学教材，做到系统贯通、整体把握、深入浅出。小学教师要加强"本土知识"的学习，要有充足的知识储备，更新技术。俗话说，"手中有粮，心中不慌"。教师只有源源不断

地补充新技术、新知识，与时俱进，才能跟上时代的步伐。

记者：多年来，您一直乐于做教师，为同行树立了榜样，您认为教师专业成长过程中最重要的是做好哪一点？

吴正宪：其实，真正的榜样应该是叶圣陶、陶行知等一批教育大家，他们都是从实践中走出来的。他们一直是我心中的楷模。我特别要提的是苏霍姆林斯基，他的教育思想与实践对我影响至深。

我认为，实现教师专业成长最重要的是师德、人品。首先，做教师要学会做人。教师要有人情味，心怀友善之心，真诚地与儿童做朋友。教师要热爱儿童、读懂儿童、理解儿童，学会尊重每一个儿童，尤其是学习有困难的儿童。教师要为人正派，公正地对待儿童，保护好儿童的好奇心和自尊心。其次，教师要善于教学，有先进的教育理念和技术，能专业地把握好教材，还要有好的教学方法。再次，教师要善于学习、研究和反思。教师必须具有良好的学习力和研究力，同时，能自觉地进行教学反思，不断地矫正自己的教学行为，获得进步和发展。总之，教师既要具有闪光的人格魅力，还要拥有精湛的教学技术，要德艺双馨。

记者：在教研员的岗位上，您带出了一支优秀的数学教师队伍，培养了一批又一批教学骨干，一直引领着北京乃至全国小学数学教师的专业成长。那么，您认为，怎样才能做好教研员？一名好的教研员需要具备哪些素质？

吴正宪：我在北京曾经做过"您心目中优秀的教研员是什么样的，您需要什么样的教研员"的调研。通过调研，我总结出优秀教研员应该具备四种特质。一是教研员要具有高尚的师德，即有敬业精神，为人正派，办事公正公平，不谋私利。教研员要甘当铺路石，愿为他人作嫁衣。二是教研员要有一定的理论水平和研究能力。只有会学习、会研究，才有资本指导他人；只有会学习、会研究，才有底气服务他人。教研员应善于读书学习，这样才能把握数学的内涵且不跑偏，看问题的角度、视角更多一些，对教学问题予以准确的判断。三是教研员要有实践经验。教研员不能只站在岸边指手画脚，而要了解实情，并根据教学实际提出具体可行且有实效的教学建议，切忌高调空谈。四是教研员要有较强的组织能力和清晰的语言表达能力，要用心设计好、组织好每一次教师研修活动。教研员的表达也要简明清晰，具有亲和力、凝聚力。

当然，教研员还要有资源意识，要把教师和学生当作重要的研修资源。教研员要坚信每位教师都具有教学知识、能力、经验等，鼓励教师用同伴研修的方式进行资源建构，使个体的教学经验升华为群体的专业资源，从而有效地增强教师团队的教学能力。教研员还应满足教师的需求，解决教师在实践中的问题，通过有后劲的、连续性的行为干预，提升教师自我发展的自觉性。

 推荐好书

《小学数学教学论》（第四版），马云鹏主编，人民教育出版社 **2015 年版。**

推荐理由：该书理论与实践相结合，将数学概念、数学学习方法与具体的教学实践有机结合。书中阐述了小学数学课程与教学的基本原理，结合数学课程标准，介绍了小学数学课程与教学的有关理论和方法，对小学数学教师练就扎实的基本功具有重要的指导意义。

李怀源
读到深处更懂语文

　　北京教育学院初等教育学院副教授，小学语文特级教师。教育部"国培计划"专家库专家，入选《中国教育报》2015年度"推动读书十大人物"。著有《小学语文单元整体教学理论与实务》等。

李
怀
源
———

他身上有一种传统的先生之风，不疾不徐，有张
有弛。

他的专题讲座，给人一种语文被一点点内外打通
之感，语文的面目逐渐清晰。

他从文学名著、叶圣陶的著作和童书一路读过
来，为更多教师铺陈开专业成长之路。

李怀源：读到深处更懂语文

听李怀源上课，能感受到一种浓浓的书生气质，各种典故、逸事、古诗文等娓娓道来，让人如沐春风，视野大开；听他的讲座，能感受到极高的语文素养，对经典童书如数家珍，对语文学科见解独到，对母语学习有系统思考。谈起文本解读、单元整体教学、整本书阅读、课程体系建构等更是条分缕析，给人一种"今日始见语文真面目"的豁然开朗之感。

从教近 30 年，从山东到北京，从班主任到教研主任，从执行校长到教研专家，从小学到大学，学校变了，身份变了，年龄变了，但不变的是他对教学的热爱、对语文的研究、对阅读的坚持。因为阅读，他慢慢知道自己能做什么，不能做什么；因为阅读，他渐渐明白该教什么，不该教什么；因为阅读，他窥见教书育人的门道，享受到为师者满满的幸福，更懂得何为语文、语文为何。

"读写结合让我找到前行的方向"

和许多人一样，李怀源的阅读启蒙也是从听《岳飞传》《杨家将》等中华传统故事广播开始的，至今他还能把《水浒传》里前 30 名英雄好汉的排序一一说出。一部小小的收音机，连接着一个大世界，是使他走向远方的第一条通道。

除了广播，他还经常看连环画，父母没时间陪伴他，他就靠《三毛流浪记》等打发日子。常志的山东快书《西游记》也给他留下深刻印象，让他对汉语的节奏感、韵律感深有体会。随着逐渐成为听书"资深人士"，他慢慢地从听故事的情节与结构，转向感受语言的节律与脉动，越发惊讶于汉语竟然这么有魅力，几个汉字排列组合即能激发一个人丰富的想象力。

李怀源还记得小学五年级时有了属于自己的第一本书，书名是《成语故事》，黑白封面，定价0.5元，是他跟大爷软磨硬泡，用家里卖梨的钱买的。这本书让他对成语深深着迷，漫画释义的"杀鸡取卵""邯郸学步"等深深印在他的脑海，至今难忘。

李怀源买的第二本书是一本语文教辅，他如获至宝，爱不释手，经常钻研书里的习题，每道选择题的选项他都一一细细品味，"我对语言的敏感，探究语言的习惯，也许就是从那时候开始的。"回忆最初的阅读历程，李怀源动情地说。

读初中后，李怀源开始痴迷金庸的武侠小说，"用了一个晚上加一个上午看完了《神雕侠侣》，没有上第二天的课。"

上中师后，一有闲暇，李怀源就泡在学校的图书馆和阅览室里，"那时，我特别喜欢读《读者》《青年文摘》，也喜欢读《徐志摩诗集》等。印象中有一个细节，我当时不知道'汗颜'是什么意思，但总能在阅读中看到这个词，猜出了大概意思，后来查字典，发现自己没猜错。现在想来，这事其实挺让我汗颜的，好在坚持阅读让我汗颜的时候少了一些。"

中师毕业成为一名小学教师后，李怀源开始读跟哲学有关的书，如杨伯峻等译的《白话老子 白话庄子 白话列子》、蔡志忠编著的《六祖坛经》等，这些书籍为他打下了基本的思想框架，也帮助他养成了独特的思考问题的方式。"我所有的教育教学思想，都与阅读分不开。"在他看来，因为与写作结合在一起，所以阅读也是在为写作打底。

李怀源告诉记者，一次他听一位教师上《小猴子下山》，对孩子在课堂上"猴子的手太小，装不下太多东西"的率性回答深有感触，"我们成人总觉得猴子太傻，捡了芝麻丢了西瓜。站在儿童的视角，那其实是一种自然而然的反应，是儿童应该有的行为。于是，兴之所至，我写了《手盛不了》的文章，并顺利发表。那以后，我发现自己看教育问题的角度与别人有点儿不一样，有人说我有正确的儿童观，现在想来的确如此，我更愿意站在学生的角度看课堂。等到接连发表了七八篇教育随笔后，我对自己从事教育研究基本有了信心。"

2007年，《驾驭语文课堂的艺术》出版，这是李怀源的第一本专著，《手盛不了》等文章在列，标志着他专业成长的清晰的起点。

"走近童书，我找到了当教师的感觉"

受朋友王林的影响，李怀源于2005年开始接触儿童文学。优美的基调、流畅的行文、隽永的故事，让他一下子爱上童书，并一发不可收。

而让他把童书与语文教学紧密结合在一起的，则是同为语文教师的周益民。一次，李怀源听完周益民讲童书后，触动很大，于是请他到学校讲图画书和儿童小说。"那天，周益民讲了《夏洛的网》，让我感觉语文一下子天地宽广。他走了以后，我马上买来这本书，自己读完后推荐给学生读。后来，学校组织了首届全国班级读书会教学研讨活动，请阅读推广人王林、萝卜探长、蒋军晶和作家王一梅等来学校参加了教学研讨活动。也就是在那时候，单元整体教学、整本书阅读的理念在我的脑海里开始形成。"

2006年至2007年，对李怀源来说，是读儿童文学、讲童书比较疯狂的一段时间，他在不同班级上《特别的女生萨哈拉》《亲爱的汉修先生》等阅读课。和孩子们一起分享儿童文学的多种情感，让李怀源感觉世界特别美好，也习惯了从儿童的角度看世界。他还计划读100本儿童文学经典作品，写100篇读后感。尽管最终只写了包括

《驴小弟变石头》《火鞋与风鞋》《长袜子皮皮》等 70 多篇书评，但这种练笔还是让他收获颇多，"算是补上了语文教师阅读体系中一块常见的短板，有了跟学生打成一片的能力"。

李怀源每年都组织班级读书会，建立"阿远读书坊"，带着学生进行古诗词比赛，背诵《长恨歌》《琵琶行》等长篇。多年后，他的学生有的出国留学，有的参加工作，但每年师生都会聚会。回忆当年读书的情景，每个人都很感慨，觉得受益非常多，"与其说是那些经典儿童文学温暖了我，不如说是那些美好的故事，让我看见了世界可爱的一面，更加相信人性中的美好。"

由于有着切身感受，对教师的专业成长路径，李怀源建议，不必一上来就读厚重的理论书，不妨先读 100 本儿童文学经典作品，为自己的精神世界打底。因为读了大量的童书，在接力出版社 2009 年组织的一个分级阅读论坛上，李怀源应邀做主题发言，所想所做获得众多业界专家的赞同，这也激发了他继续做学术研究的热情。

从童书阅读到一点点窥见学术研究的门道，李怀源在此过程中认识了许多志同道合的人，他们至今仍然保持着联系，共赴魅力语文之约。而网络上那个爱读书、爱思考、爱写作的"阿远"，也被许多一线教师所熟知，被亲切地叫作"阿远老师"，他们相互分享成果，共同进步。

"阅读不是炸药，而是引信，让头脑里掀起思维风暴，让大脑中彼此独立的东西关联起来，"总结阅读尤其是童书阅读的收获，李怀源说，"从经典故事到课堂教学再到学术研究，平时所思而不得的问题在阅读中慢慢找到了答案。"在他看来，如果说阅读是语文教学的根基，那么童书阅读就是夯实根基的重要拼图，能点燃师生学习的热情，让他们感受到阅读、学习和生活的快乐。

对学生而言，阅读应该是一种本能，是一种生存必须具备的技能，是一种自然而然的生活方式。但李怀源也指出，无论何时，阅读都应该基于内心的需要，如果学生产生不了这种自内而外的需求，阅读就会成为负担，就不会起到引信的作用。因此，"阅读教学首先要解决的，是帮助学生产生并理解这种本能和需要。语文教学由此开启，才算是找到了入门的钥匙。"

"阅读叶圣陶是我人生的一个拐点"

自 2002 年 7 月开始，李怀源到一所民办学校做教科研主任，开始大量阅读教育专业书籍，从苏霍姆林斯基、陶行知到钟启泉、张华，从教育观、教学方法到逐渐转向课程建构，算是开启了真正的教学理论研究。

2008 年是李怀源职业生涯的一个拐点，背后的推手是教育家叶圣陶。那一年，他在首都师范大学读教育硕士，业余时间都用来研究叶圣陶，毕业论文写的就是《叶圣陶"读整本书"思想研究》。"1941 年，叶老提出初中和高中语文课本应该以整本书为主体，第一次读到这句话时，我有种豁然开朗、如遇知音的感觉。其实，我在讲授儿童文学作品时，就有这种想法，没想到叶老 60 多年前就提出来了。可以说，没有走近叶老，我不会系统构建起单元整体教学的思想，不会在整本书阅读上有现在深度的研究。"

"硕士论文要求写三四万字，我最后写了八万多字。"李怀源说，他是带着一种真正想弄懂而不是只为毕业的心态去完成论文的。《叶圣陶教育文集》他读了很多遍。他还读了叶老的日记、年谱及别人的研究专著，从中看到一个热忱的、坚持不懈的、疲惫的叶老，不擅长当教师却能给学生终身受益的教诲。"我的性格和叶老诚恳、中庸的性格很相似，读叶老的文字让我如遇知己。叶老的身份有很多，教育家、出版家、儿童文学作家，而不是单纯的学者，他对中国教育的贡献很大。他与林语堂都很有才华，但并不相同——读林语堂的文字，如同一位叼着烟斗的长者在你面前，谈天说地；而叶老则不爱说话，他抛出一个问题，让你自己去感悟。"

李怀源开始从原来较为单纯的教学研究转向课程建构，与中国的教育传统进行了一次深深的联结，在专业成长上也一步步升级：2009年，他成为"齐鲁名师"工程人选，《小学语文单元整体教学构建艺术》出版，初步打下小学语文单元整体教学、教材教学、整本书教学、语文实践活动的根基，也有了自己的课程建设思想；2010年，他被评为"特级教师"，成为叶圣陶研究会的理事；2012年，他组织举办了"小学单元整体课程发布暨阅读课程实施高端论坛"，邀请了朱永新、林文宝、潘新和、杰西·特纳等国内外专家学者20余人在论坛发表演讲，并发布了教学成果；2014年，他获得首届基础教育国家级教学成果二等奖；2015年，他担任清华大学附属小学CBD校区执行校长；2019年，他成为北京教育学院初等教育学院的一名教师，从一个人做研究，转向带着一群人探索语文课堂教学改革。

课程框架也是结构，课程的经典框架即从目标、内容、实施到评价，从确定目标、选择内容、实施路径、评价反馈，再回到确定目标，这是一个闭环。"很多事情都是建构起来的，教学也是如此，讲究方向、方式、方法。方向是针对整体而言，方式是具体操作手段，方法是针对个体而言，其中又包括个体的学生、知识、学科和学习，听课的门道就在于此。通过不断更新结构，就能诊断、评价到位，以不变应万变。"

从自己的成长经历和阅读实践出发，李怀源建议同行尽量读一些高位的书，不要总是沉在浅层的、实用性的内容上，而应多读一些历史、哲学、人类学等方面的书籍。这些书读到一定程度，就会发现人类学是一切的根基。"我以前有个习惯，上公开课前不看教参，而是看教学理论的书，这是因为微观的文本解读和宏观的理论溯源之间有一个中观的层次，这就是教师需要了解的内容。执两端用中间，就能找准自己的定位，找到教学本身的价值所在。"

而这个过程，注定需要教师挑战那些读不懂的书。他以自己为例，"我就啃过这样一本书，是山东教育出版社出版的，讲的是再创造学习理论，2000年左右开始读，但一直都是似懂非懂。后来，再读其他的书，觉得不是那么难读了。读书的时候，我从参考文献入手，找到很多有价值的线索，如同打开了一张阅读地图。我喜欢看书的后记，看作者完成了哪些部分，哪些部分没完成。很多时候，作者著书的遗憾，往往是我们应该关注的重点，由此再去深挖、思考，就是在研究上走捷径。"

给教师的另一个建议是，他希望每位教师的心中都有一棵阅读树，用哲学、社会学、人类学等扎下牢固的根系，用教育学、心理学、语言学、脑科学等展开枝杈，再到儿童文学、课程论、管理学等回到教育的本原。阅读树越茁壮，教学越游刃有余，对语文、教育的理解也就越通透。这就要求教师在阅读上不能偏食，不能只读所教学科的内容。

"我当了校长后，一开始听不懂英语课，但我坚持听，慢慢就能听懂了，有了不一样的教学感悟。"李怀源说，语文教师是精神灵魂的载体，词汇的贫乏必然带来精神的贫乏，如果熟读传统文化，诗句烂熟于心，中西贯通，课堂表达就会越来越精妙。各种学科的书最好都读一读，争取做到文理打通、古今中外打通，再通过做阅读笔记、与他人交流，脑海中漂浮的零散思考就会悄然落地，教学和思考自然而然会达到另一种境界。

"做学术研究是走向语文深处的过程"

自我升级的旅程，注定很坎坷。

从2009年到2014年，李怀源对照着不同版本教科书的一个个单元，归纳整合，从主题、门类再到整本书阅读，从向学生推荐一本书到整合成一个语文实践活动，他慢慢构建起一个阅读体系，并进行了课程化的全面整合。为了让推广的教学活动简单易行，他尝试从低年级入手，按照教科书、整本书、语文实践活动的层级入手，首先做好模板，接着实践运用，最后反复修改。

李怀源开始小学语文单元整体教学研究后，从单篇到单元、从整组教学到单元整体教学，他的教学一下子拓宽了，一点点理解了什么是课程和教学，逐渐摸索出学科教学的规律。"传统教学内容是从字、词到段、篇，其实应该倒过来，先有整体再有局部。为此，需要给教师放大镜，让他们借助工具来教学，这个工具就是整体思维。如果教师在教学和研究上有整体思维，那么学生就能建构一些属于他们自己的知识。"

李怀源将文本内容、课程内容、教学内容看作三个不同层次的存在，三个层次依次是自然性的文本内容、规定性的课程内容、实用性的教学内容。学生知道如何选材、如何使用，便有了真正的素养或能力。从教材、教学到教育是三种层次，从汉字、文言文到唐诗宋词是三种层次，从了解文本的意思、意象到意境也是三种层次。它们之间有高下之分，彼此有一条清晰的线，如果教师能看到这条线，心中有把握，语文教学就会自然而顺畅。

"每次上课，我都试图搭建一些框架，不重复自己，不深陷其中，而是跳出来，有多高就跳多高，看以前的教学能有什么改进，"李怀源说，"每次听别人上课，我也习惯换位思考——要是我来上这节课，我会怎么上，如何分层次，如何抓重点。作为教师，需要隔段时间就检视一下自己，而检视的工具或方法就是阅读。前段时间，我一直在研究文字、汉字、词语，想着怎么帮学生了解汉字，尤其是应用书面语。其实，叶圣陶的《开明国语课本》是不错的教材，其中我最关注的是练习设计，没有一定的写作练习和语言实践，就不能转化为能力。"

教师要帮助学生建立学习的结构、语言学习的规律。李怀源以成语为例，不是研究 ABAB、AABB 等句式，而是首先从何秀煌的《记号·意识与典范——记号文化与记号人性》入手，沿着语言与文化之间的关系这条线阅读，接着阅读维果茨基的文化历史理论，将语言与哲学结合起来，去探究语言对大脑的影响，最后是阅读《第五次开始》《人类沟通的起源》等人类学方面的书籍，将语言放在人类发展的历史中，去考察两者之间的关系。"我现在的感觉是，在不同的语境中使用不同的语言让人成为人，语言的边界本质上就是世界的边界；语言的发展和一个孩子的成长过程非常类似，系统的读写训练，从宏观来看是传递文化基因，这也正是学好母语的价值所在。"

"而这些，不去思考，不去阅读，是无法获取的；没有走出舒适区，没有改变的动力，就只有死路一条，"李怀源说，"我一直在经历着改变：走进民办学校时，想的是教育究竟为谁服务；当校长时，想的是如何服务好学生、教师；开启教师培训工作时，想着如何服务好更多的教师，打开他们的视野。"

对自己的定位，李怀源更愿意成为教育实践家——走的是自己的路，其他同行也完全可以借鉴，大家一同推进语文学科乃至整个教育的革新，让母语教学始终有源源不断的活水。

且读且悟

1. 与其说是那些经典儿童文学温暖了我，不如说是那些美好的故事，让我看见了世界可爱的一面，更加相信人性中的美好。

2. 我喜欢看书的后记，看作者完成了哪些部分，没完成哪些部分。很多时候，作者著书的遗憾，往往是我们应该关注的重点，由此再去深挖、思考，就是在研究上走捷径。

3. 每位教师的心中都应该有一棵阅读树，用哲学、社会学、人类学等扎下牢固的根系，用教育学、心理学、语言学、脑科学等展开枝权，再到儿童文学、课程论、管理学等回到教育的本原。阅读树越苗壮，教学越游刃有余，对语文、教育的理解也就越通透。

 读书解惑

"拓宽语文的边界，就是拓宽学生的精神世界"

记者：语文教师的教研能力影响着教师的综合素养。您认为提升教研能力最关键的要素是什么？您在教研中又有怎样的成长故事？

李怀源：提升教研能力最关键的要素，是具有研究的思维方式，如此才会有研究的实践，进而具备研究经验，形成研究成果。

以研究的方式做好日常工作，是我个人的基本经验。语文教学效果不明显，不只是学生的问题，还可能是教学设计的问题。而教学设计的问题又是哪里的问题？是时间不够、问题不明确，还是材料没有支撑？……这些都需要研究。

研究不可能凭空发生，要和日常的教学实践结合起来。我研究单元整体教学，是一步步找到方向的。首先是课内的"第一二课时"研究，第一课时理解内容，第二课时领悟表达；其次进行"训练组教学"，对一个单元的课文进行功能定位，实现不同的教学功能；最后带领学生自由阅读，进行语文实践活动……

后来发现，有的学校把一个单元的课文放在一起教，进行分类比较，学生的思维更加深入。于是，我就把这些实践和自己的研究结合在一起，不但把一个单元的课文整合在一起教学，而且加入读整本书的教学和语文实践活动，慢慢地变成了"小学语文单元整体教学"。后来，再把语文单元整体教学推广到小学的各个学科，完全进行教科书教学、读整本书教学、学科实践活动教学，这些做法取得了很多成果，还获得了首届基础教育国家级教学成果二等奖。

2007年至2008年，我在首都师范大学读教育硕士时，需要确定硕士论文选题。我看到顾黄初先生、董菊初先生都提到了叶圣陶先生的"读整本书"教学思想，但都论述得不是很详细。因为之前我对读

整本书教学有过尝试，所以一下子就抓到了选题——前人有研究，但研究还可以更深入，加上有教学实践作为基础，这个选题就错不了。于是，我的硕士论文就定为《叶圣陶"读整本书"思想研究》。我的研究一直都是在自己的知识结构内，借鉴吸收他人的研究成果，不断改进，才成为自己的研究成果。教师做课题研究，要坚持研究，坚持实践，这样才会有看得见的研究成果。

记者：近年来，您经常听不同学科的课。不同学科的好课在您看来有怎样的共性？教师怎样做才能让所教学科最大限度地提升学生的核心素养？

李怀源：好课都能把握好"学生""学科""学习"三个要素，把教学作为一个整体来设计，并把教的过程变成学的过程，体现"整体"和"转化"两个原则。

教师要从学生特质、学科性质、学习本质三个角度来考虑本学科的课堂教学。首先是学生特质，学生是大脑需要完善和建设的人，所有的学科学习都为此贡献自己的力量。只有学生经历了学习的过程，他们的思维才会参与进来，他们的思维能力才会有所发展。其次是学科性质，语文课程是一门学习语言文字运用的综合性、实践性课程，相信很多语文教师都会背这句话，但真正落实起来并不容易。也就是说，语文学科要发展学生的语言文字运用能力，而发展这种能力只是靠讲解和理解是不够的，还需要大量的语文实践。最后是学习本质，学习本质是通过学习过程获得人生智慧，而不只是吸收知识。

所以，每个学科的教师都要从三个角度审视自己的学科教学。这三个方面不是单独进行的，而是要进行整合，即整合学习材料，提出整合问题，从整体上设计学习过程。把"想教的内容"变成"可学的内容"，这是第一层的转化。还需要教会学生如何去转化，把不同的语言现象放在一起，进行对比，得出语言规律，然后进行归纳，成为凝练的语言，这是第二层的转化。而把"形象"转化为"符号"，把生活中点点滴滴的思考与行动变成可以记录在纸上的文字，这是第三层的转化。学生在不断转化的过程中，慢慢地也就实现了思维能力和表达能力的提升。

记者：到北京教育学院后，您经常给教师做培训。其实，很多教师，尤其是语数外学科之外的教师，并没有多少机会参加高端职业培训。他们想要实现专业上的快速成长，该怎么做呢？

李怀源：从理念上，教师要接触学习科学的研究成果，了解学习是怎样发生的，什么知识是有用的；要了解脑科学、人类学和社会学的最新研究成果，从更宏观的角度来认识人的学习过程，了解其规律性及特殊性。

从实践角度讲，教师要敢于改变已有的课堂教学结构，尝试用新的课堂教学结构来组织学习活动。在这方面，可以借鉴项目学习等方式，尝试设计整体学习情境、具体学习任务、可视化学习成果。

就语文教学而言，教师要研究中国传统语文教学的经验与教训，从中国语言文学的视角之外看语文。语言建构与运用、思维发展与提升、审美鉴赏与创造、文化传承与理解，是高中语文课程标准对语文核心素养的划分。人的素养是整体，进行划分是为了更加清晰地表达，也是为了在现实中便于操作。语文教师要充分认识语文这门学科对学生素养发展的独特作用，学会用拓宽学生语言疆界的方式，来拓宽学生的精神世界。在教学中，学会整合多元思维，明确培养学生语言文字运用能力的核心目标，明确语文实践的发展途径，让学生成为语文学习的主体。

怎样才能实现这样的目标？教师要从"文本解读"逐步过渡到"语文实践"。例如，讲授《生命 生命》这篇课文，过去更重视教学生对生命的感悟，即解读作家杏林子的文本，让学生理解生命的状态。这种方式是文本解读的方式，但四年级的学生其实很难理解杏林子对生命的感悟。如果语文教师将大部分时间恰恰用在这些学生不易理解的方面，教学就变得意义不大。如果转换一个角度，把教学目标放在作者是如何用语言文字表达生命感悟的，学习方向就变了，学生通过对语言的理解、对表达形式的揣摩，来学习作者是如何表达的，进而思考自己该如何表达自己的生命感悟。这时候，教师的提问就由"如果你是杏林子，你会怎么想"变为"如果你是杏林子，你会怎么写"，这种转变看似简单，其实做到了学习重心的转移。

 推荐好书

《国文国语教育论典》，李杏保、方有林、徐林祥主编，语文出版社2014年版。

推荐理由：《国文国语教育论典》是在《二十世纪前期语文教育论集》的基础上精心设计、增删而成的，选取了1904—1949年在媒体上发表的与语文教育有关的文章，共计88篇。该书是中国语文教育史的重要资料，是语文教师案头必备之书。

读这本书不仅会了解语文教育的过去，也能预示语文教育的未来。在书中，我们能看到诸多语文大家在语文教育领域不断探索的身影、取得的成果，更能提醒我们今天如何做好语文教育。读这本书，很多问题会变得明晰，有助于我们站在前人的肩膀上，省去很多盲目的探索，消除一些盲目自信，从而更加踏实地做好自己的工作。

《我们怎样读书》，范寿康编，当代中国出版社2014年版。

推荐理由：这本书是一部合集，最早的集成时间是1930年11月，1934年首次刊印。这本书的读者对象是中学生。编纂者范寿康先生曾在春晖中学任教，主持校务，针对学生提出的"以学习各科究应如何入手以及课外究应参阅何种书籍"等问题，编写了这本书。全书分5编，选入梁启超、胡适、夏丏尊等的文章共19篇，涉及为学、

国文、数学、自然科学、历史、地理、图画、音乐等学科的内容。最吸引人的是各位作者均学有所成，以自己的经历与见识来阐述如何读书，能给不同层次的人以启发。虽然是编给中学生看的，但现在的语文教师看看其实大有好处，能从中国传统文化的角度看清楚读书这件事，以便于自己更好地找到治学方向，并带动学生读书。

《为未知而教，为未来而学》，[美]戴维·珀金斯著，杨彦捷译，浙江人民出版社2015年版。

推荐理由：这是一本畅销书。书中回答了一个问题：什么才是真正值得学习的知识。传统教育重视的是"信息—知识"，而不是"知识—智慧"。面向未来的教育，一定要回答教什么和怎样教的问题，同时要回答"什么是最好的学习方式"。

从教育的层级结构到教育的网状结构，需要学生及时调整自己的学习方式。学习、实践、应用既是学习的目的，又是学习的过程。语文教师读这本书，可能不会对自己的教学起到直接作用，因为这里面并没有具体告诉语文应该怎么教。但如果读了这样的书，就能立足学生的未来发展，从文本解读的单项学习走向语文实践的综合学习。

华应龙
读书成就了今天的我

　　小学数学特级教师，正高级教师，"苏派名师"，首批"首都基础教育名家"，"化错教育"创始人。现任北京第二实验小学副校长。从教30多年来，致力于探索"化错教育"，荣获北京市政府教学成果一等奖、首届"全国教育改革创新奖"、首届"明远教育奖"等奖项。著有《我就是数学》《我不只是数学》《华应龙和化错教学》《小学数学化错教学案例》《教育要给学生留下什么》等。

华
应
龙
———

他爱学生，更爱读书，他珍视学生的成绩，更珍视学生的错误，他提出的"融错教育"让人重新看待数学。

因为爱读书，他迅速成长为当地为数不多的特级教师；因为爱思考，他从县城来到北京，走向更广阔的舞台；因为爱教学，他把课堂变成思维碰撞的地方，自己也成为小学数学界的名师。

读书、思考、教学，回首自己的专业成长，他归因于阅读，并继续从书中汲取前行的力量。

华应龙：读书成就了今天的我

"宇宙之大，粒子之微，地球之变，日用之繁，无一不用数学。上完这节课，我们是不是感觉到学了数学就应该去应用呢？"凡是听过北京第二实验小学华应龙课的人，都会钦佩他融数学于生活、于游戏的能力，惊讶于他让孩子们在动手玩的过程中，轻轻松松地爱上数学，并感受到数字与图形背后的学科价值。

这是名师的独特之处，更是一种教育本领、教育艺术。而成就华应龙这种独特魅力的，不得不从他早年的读书生活谈起。

"最难忘窗台上被风呼啦啦吹起的购书汇款单"

"家徒四壁，八面来风。"回忆小时候的家庭状况，华应龙如此形容。然而，困窘的经济环境，并没有影响华应龙成为一名优秀的学生。小学二年级时，他偶然得到一本没有封面和封底的《十万个为什么》，并很快被书中的内容所吸引。那些源自日常生活的提问及背后原因的解答，让他大开眼界。受《十万个为什么》的启蒙，他养成了凡事喜欢刨根问底的习惯。这种习惯一直延伸到他的课堂上。

直到今天，华应龙依然会在每节课前不断反问自己：为什么要教？为什么这样教？一定是这样吗？因为不断追问，他的课有思想、有创新、有文化，令学生疯狂、同行热议、听者好评。"华粉""龙须"成千上万。

华应龙既爱看书，也爱买书。在乡村教学时，华应龙最难忘的一幕，就是窗台上一块镇纸压着一摞用于购书的汇款单，透过来的烈风将汇款单呼啦啦吹起。那种情景，让他想起"春风不识字，何故乱翻书"那句诗，他的内心因此充实而温暖。

而今，华应龙仍然爱买书，几乎每个月都会去一次北京西单图书大厦，每次都要花四五百元买书。出差在外，他不逛公园，一定要逛新华书店。多年来，工资的很大一部分都用在买书上了。搬家到北京时，卡车上可谓"孔夫子搬家——尽是书"，近8000本书搬下车，引得街坊小孩子好奇地问："叔叔，你家是卖书的吗？"

随着年龄的增长，加上繁重的教学和管理任务，华应龙放弃了打篮球，放弃了其他娱乐，唯独读书的习惯一直坚持着。他没有买车，每天上下班路上，在地铁里、公交车上，他都会从口袋里拿出一本书翻看。那本装在书包里的小开本《老子》，已经被翻得卷了页。每页的空白处，都写满了密密麻麻的感悟。

除了看书，华应龙还经常浏览报纸、杂志，每年必订《小学数学教师》《读者文摘》等杂志。看的时候，他总是思考如何与学生分享。遇到好的文章，他会剪下来，作为教学素材储存。在一期《读者文摘》上，他看到一篇题为《请把试卷认真读完》的文章，很快他就将其融入小学六年级数学复习课"审题"教学之中，还附上一首打油诗，让学生明白认真审题的重要性："审题不误答题工，匆匆动笔希望空。量量关系要读懂，读完三遍再启动。"

"有的人读书能读出很多东西，有的人却收获很少，其间的差距，主要在阅读的厚度上。"华应龙说，对一本书阅读的厚度不同，对教育教学问题的理解也会不同。例如，许多人看过《老子》，但透过直观的文字，读懂其中的道理，并做到把道理恰如其分地应用于教学、生活中，其实并不容易。读书得法，得义而忘言，才是真正的读懂、读透。读书破万卷，关键在于一个"破"字。而读"破"，需要反复阅读，细心品味。

遇到好文章，华应龙一般都读上三四遍，一读内容，二读结构，三读气度。他喜欢周国平、吴非等人的文章，有种沉甸甸的厚重感。鲁迅在《读书杂谈》中说，读书分两种，一种是职业的读书，一种是嗜好的读书。华应龙眼里的读书，既是职业的，也是嗜好的，两者浑然一体，是一种生活，"这辈子怕是改不掉了"。

"你认为数学无趣，是因为你站在数学花园的外面"

荷兰数学家弗赖登塔尔说过，任何一个其他的教育领域都不像数学那样，在无用处的目的与无目的的用处之间，有着如此大的距离。

这种学科特性让有些人误以为，小学数学就是简单的计算，很好教。在华应龙看来，数学不是简单地告诉学生答案，而是激发学生的学习兴趣，让学生爱学，真正体验到数学之美，让数学从外在的"冰冷的美丽"转化为学生内在的"火热的思考"，就像明代哲学家王艮在《乐学歌》中所说的："乐是乐此学，学是学此乐。不乐不是学，不学不是乐。"华应龙追求"笑润课堂"，让孩子们切身体验到"数学好玩"。

无论是"角的度量""我会用计算器吗"，还是"孙子定理""百分数的认识"，华应龙的课总是给人数学就在身边，数学很有趣、很好玩的印象。那么，他是如何做到这一点的呢？

一次，华应龙读完王健的专著《创新启示录：超越性思维》，颇受启发。这本书独创性地给出了包括极限思维、多米诺思维、偏移思维、扩散思维在内的一整套思维法则。受其影响，他试着打破传统数学教学的定式，跳出数学看数学。例如，他为了寻找自己教学的不足，在教室后面架上摄像机，录自己的课；他珍视学生所犯的错误，喜欢从那些哪怕微小的错误中寻找教育契机。"融错，让课堂更精彩"，正是这种打破常规的思维方式，才使他的课堂有了精彩不断的生成。

"高妙的课堂设计不是教师凭空想象的，而是时时从生活中汲取营养，将生活资源为我所用，积极实施于教学的结果。"在华应龙看来，开发生活资源的功力，显然是从持久的阅读和思考中获得的。在讲"四舍五入取近似值"一课时，他讲了数学家华罗庚和相声大师侯宝林之间的一段逸事。熟悉的人物加上生动的故事，学生听得如醉如痴，教学效果特别好。而这段逸事其实是华应龙1997年在江苏省海安县汽车站从捡到的一张旧报纸上看到的。

认识朋友靠缘分，遇到好书、好文章也靠缘分。这是华应龙总结的又一条规律。

读书求知，这种人们的惯常看法华应龙有些不以为然。他认为，读书是为了求不知。只有读到不知，才说明阅读有了效果。带着这种求不知的心态，他力求在课堂上让学生认识到自己的不足。例如，"我会用计算器吗"一课，教科书是从按键介绍开始的，五岁的孩子都会。学生也认为没什么好讲的。为了让学生看到自己的不知，华应龙别出心裁地出了三道题，一步步将学生引向未知，认识到知识的广阔。这应了华罗庚的那句话："你认为数学无趣，是因为你站在数学花园的外面。"

为了让数学教学更有趣，华应龙喜欢抛出一个个成语，其中反映的大多是数学的道理。而听过他的课的人，也都对他出口成章的本领赞不绝口。其实，活用成语的本事，源于他经常翻阅成语词典。而他珍藏多年、爱不释手的那本成语词典是他小学五年级时被评为"体育优秀标兵"的奖励，他没事就翻看，日子久了，便熟记于心，妙语连珠。就像他讲"分数的意义"一课时，问学生：炮兵衡量角度和方向的单位不是用"度"，而是用"密位"，为什么呢？听过学生回答后，他说，因为角度差一点，几十千米之后，位置就差很远，所以用"密位"，这叫"差之毫厘，谬以千里"。

数学教育专家郑毓信说过：现代教学思想的一个重要内容，是认为学生的错误不可能单纯依靠正面的示范和反复的练习得到纠正，必须是一个"自我否定"的过程。在数学教学中，华应龙注意改变学生的学习方式，关注学生的自主探索和合作学习，关注学生的学习情感和情绪体验，使学生投入现实的、充满探索的数学学习之中，这是数学课程改革的重点和难点，是促进学生自我反省最好的催化剂。

有人这样评价华应龙的课：他的数学课，从学生的发展来说，是潜能的开发，是独特个性的彰显。在华应龙的公开课上，记者的确看到一身白色西装的他，妙语连珠，一个个知识点魔术一般被抛出来，引得学生热情高涨、情绪激扬。而如此充盈着生命活力的课堂，怎能不令人享受到数学的快乐呢？

"只有持续阅读，才有对教育、对自己的不断追问"

"读书是为了求不知，也是听大师教诲，与朋友聊天，见贤思齐，增加底气，进而在教学过程中更从容自信，敢于创新。"多年的读书经验，使华应龙感觉到，爱看书与不爱看书的教师，最明显的区别就是，爱看书的教师在课堂上充满激情，有信心，有底气；而不爱看书的教师大多习惯于照本宣科，有些木讷，缺少那么一点儿自信，不敢偏离教学计划，更不敢敞开心扉应对学生的挑战。

读书不仅能增加一个人的阅历，更会提高一个人的修养。华应龙透露，中师毕业后，他到一所农村小学教体育，数学只是他的"副业"。他也坦言，做了两三年教师后，语言表达仍是他的软肋，上课说话时还会紧张。正是不断地读书思考，才使他渐渐在学生面前有了底气，有了一份淡定，加上不断地反思总结，最终才有了如今课堂上的神采飞扬、意气风发。

回想对自己影响最大的几本书，华应龙脑子里最先浮现的是《优质课的设计与施教》和《数学课程标准解读》。《优质课的设计与施教》是一本课堂实录型的书，他反复阅读，体悟如何有效备课，话应该怎么说，最终让他这个在讲台上说话不流利的人学会了轻松地与学生对话，引领学生走进数学花园。《数学课程标准解读》让他想明白了如何在学科教学中实施新课程理念，增加和减少的教学内容背后的依据是什么等一系列问题，也让他感慨："如果一个小学数学老师不好好读这本书，怎么当老师啊？"

读书不仅能学得新知，而且能让人心态更宁静，宁静才能致远。心绪不宁、特别烦的时候，华应龙喜欢拿起一本书，把自己封闭在文字的世界里。这能让他很快忘掉一切，平复心情。他很喜欢人文社会类的图书，也喜欢唐诗、宋词，尤其喜欢泰戈尔的诗，那首《当乌云被阳光亲吻》，他至今仍能出口成诵：当乌云被阳光亲吻，便成了天堂的繁花……

读书不只是丰富自我，还是成为教育家的必经之路。华应龙说，不读书，他不会成为特级教师。他家里的书柜摆满了三种书：教育类书籍、人文社科类书籍和数学类书籍。而数学类书籍中，有许多与数学家华罗庚有关。因为看了不少数学大师的教育故事和生活经历，讲课时，华应龙会随口溜出华罗庚的名言，或者渲染课堂氛围，或者激发学生思考，或者画龙点睛。如教"角的度量"一课所用的那句，"数源于数，量源于量"。

名家的著作读多了，华应龙对教育有了越来越深的理解。在一篇教育随笔里，他这样写道：应该像农民种地那样教书，要像农民那样不误农时；要像农民那样因地因物制宜；要像农民那样耐心等待，不做揠苗助长、贻笑大方的事；要像农民那样不责怪庄稼，而是反思自己——学生上课为什么不专心？作业为何总是出错？……

基于这种不断的追问和反思，华应龙提出了"容错"——"融错"——"荣错"的"融错教育"理念，因为"真正有效的教学，就是面对学生的错误，帮助学生解决它，而不是枯燥地、简单地、机械地去强调规则。只有当学生找到错误的原因，自己醒悟了，才能真正解决问题。否则，学生今天错了，明天还会错。而且，在'融错'的教育中，积淀下来的是创新的人格。学生不但掌握了知识，还养成了敢于尝试的好习惯，磨炼出了百折不挠的意志品质。"

华应龙告诉记者，没来北京之前，他有机会去江苏教育杂志社工作，但他最终选择了当教师，因为"我爱孩子，爱小学数学，对三尺讲台有太深的感情"。而随着持续的阅读，以及对教育、对自己的不断追问，他对孩子的感情与日俱增，对教育的理解愈加深入。

总结自己的专业成长之路，华应龙画出了一个读书、思考、教学、读书的无限循环。他说，多年的读书成就了现在的他，而未来的他也必将继续从读书中汲取前行的动力。这就像奇妙的生活，有时候走了很远之后，会发现，自己又回到了最初的起点。

且读且悟

1. 有的人读书能读出很多东西，有的人却收获很少，其间的差距，主要在阅读的厚度上。

2. 读书得法，得义而忘言，才是真正的读懂、读透。读书破万卷，关键在于一个"破"字。而读"破"，需要反复阅读，细心品味。

3. 读书是为了求不知，也是听大师教诲，与朋友聊天，见贤思齐，增加底气，进而在教学过程中更从容自信，敢于创新。

读书解惑

"学养在阅读中不断丰厚"

记者：冰心曾说过，教师是一个国家教育的母鸡。教师不爱读书，很难谈及引导学生的言行，浸润学生的生命。您觉得让教师爱上读书，最有效的途径是什么？

华应龙：这首先需要学校领导着意营造书香校园，舍得花时间、花财力、花人力，让教师有好书读，有时间读，有平台交流读书感受，有机会展示学习心得，让教师们切身体验到"我已经落伍了""读与不读大不一样"。北京第二实验小学每次在全体会上都会安排两位教师进行读书的"精彩 5 分钟"展示，效果相当好。年级组教研时，也有"精彩 5 分钟"的读书交流。另外，学校多向各学科教师推荐适合阅读的书目也很重要。

记者：您对目前一些教师读书过于注重实用、读书的功利性较强，对理论类书籍望而却步的现象怎么看？如何使之改观？

华应龙：应该看到，读书总比不读书好。实用类的书读多了，就自然想读形而上的理论类的书了。读理论类书籍时心要平静，不要寄希望于读了某一本理论类的书，就能立竿见影提升理论素养，也不要寄希望于整本理论类的书都是金玉良言，可能某一章、某一句读了受用就够了。读理论类书籍时，不能急躁，因为自己的学养不够，读了一遍后不知所云的感觉常常会有。要准备随时回头，读第二遍、第三遍……读的次数多了，对内容的理解才会越来越深。如果一读就懂，就可能不值一读，或者不需要读。

记者：您的专业成长受益于思考和读书，读书也是教师成为名师的必要条件。您对年轻教师读书的内容和侧重点，有何建议？

华应龙：可以先读与自己所教学科有关的报纸、杂志，了解同行在做什么、怎么做。因为书籍一般是 3 年前的认识，杂志一般是 3 个月前的认识，报纸则是 3 天前的认识。报纸和杂志上的文章既有实践，也有理论，好学好用。

买书时要注意出版社和作者。虽然开卷有益，但不是每一本书都须要读。

教师要少上网，上网会不经意地让我们的读书时间流失。《浅薄：互联网如何毒化了我们的大脑》的作者卡尔说："从纸面转到屏幕，改变的不仅是我们的阅读方式，它还影响了我们投入阅读的专注程度和沉浸在阅读之中的深入程度。"我十分赞同。

有不少教师说："我们工作很忙，没有时间读书。"教师的工作确实繁忙，不过，我要说："因为没有时间读书，所以我们工作很忙。"

记者：目前有一种观点，读书不能改变教师的生活状况，读书没有什么用。而您认为读书能帮助解决教育的热点、难点问题，请举一个您有过切身体会的例子来证明"读书对教师来说是非常有用的"这个观点。

华应龙：读好书可以激发我们的创造力，提升我们解决问题的能力。这方面的故事很多，老师们喜欢听我的课，往往是因为我的课总是创新的。在教学四年级"游戏公平"一课时，我原来是用抛硬币的实验，来说明正反两面的可能性相等。可是，在课堂中，我们常常遭遇尴尬。抛 10 次，有的小组抛出了 2 正 8 反，有的小组抛出了 9 正 1 反……小概率事件为什么变成了大概率事件？我百思不得其解。

后来，我看王健的《创新启示录：超越性思维》，对极限思维有了比较深入的了解，突然醒悟：把硬币抛 1 米高和抛 1 厘米高，结果当然不一样。在学生实验之前，我们只是规定了抛硬币的次数，没有规定抛硬币的高度、角度、力度。找到了问题所在，解决问题的方法就不难找到了。华东师范大学的张奠宙先生听完我的这节课后，夸奖道"为华老师的创造而折服"，指导我要有讲一系列数学教学故事的目标。

我始终保持着买书的习惯，也不断从书籍中汲取思想和力量。2007 年正月初五，在北京西单图书大厦，我看到王健的另一本相关著作《让思想冲破牢笼》，立即买下，我清晰地记得那天买书一共花了 452 元。

 推荐好书

《创新启示录：超越性思维》，王健著，复旦大学出版社 2005 年版。

推荐理由：这本书，我一字不落地看完以后，不少章节回头看了第二遍、第三遍，并且把它放在手头，时常翻阅。因为它让我和作者一样享受到了超越性思维的乐趣，教给我很实用的解决问题的思维方式，也带给我教学创新的灵感，改变了我的人生态度，提升了我的生活格局。

王雪娟
阅读托起最美语文课

深圳市平冈中学语文教研组组长，深圳市中青年骨干教师，深圳市和龙岗区两级名师工作室主持人。2015年，荣获深圳市基础教育系统首届"年度教师"称号，后相继荣获"深圳市五一劳动奖章""广东省五一劳动奖章"等称号。

王
雪
娟

她是深圳市基础教育系统首届"年度教师"。

她坚持原创式备课，将语文教材纵向打通，归纳
整合，构建了不一样的语文课堂。

她引导学生关注窗外的世界，追随鲜活的灵魂、
深邃的思想，是学生心中的向日葵。

王雪娟：阅读托起最美语文课

"70后"、省党代表、资深驴友、专业影迷……在任教于深圳市平冈中学的王雪娟身上，多重身份交织在一起，丝毫没有违和感，反而让她的教师主业更显光彩，让人惊讶于教师的生活还能这么丰富、立体、多彩，如此充实而具有成就感。

回首20年的执教经历，王雪娟的确做出不少"壮举"：曾6个月在4个城市进行了44场演讲，一部《红楼梦》讲了一个半月，独自游瑞士17天……在她身上，能感受到年轻教师不羁的气质、笃定的追求，能窥见一以贯之的文化传统，更能感受到教书的快乐与行走的惬意。但这些背后，其实都万缕归宗，离不开看似平常的两个字：阅读。

是阅读，让她不断汲取前行的力量；是阅读，让她不忘追求有思想的语文课；是阅读，让她注重经营自己的精神家园；是阅读，让她督促自己做一个学生喜欢的好老师。

"阅读，让我实现了二次成长"

与多数年轻教师一样，走上讲台的前5年，王雪娟按部就班地备课、教学、带班，天天围着分数转，所谓的"菜鸟期"顺风顺水，取得一定成绩，很快成为校长信任、同事佩服、学生爱戴的把关教师。

别人眼里的"一帆风顺"，于王雪娟而言却有着职业发展瓶颈期的感觉，"我一度不知道自己在教学上还有多大提升空间"。那时的阅读，亦更多地延续大学时自由的、随意的阅读状态，是教学之外或与教学关系不大的调剂，"不是为了解决教育问题去读的"。

改变是从带新一届高一开始的。

由于不再备战高考，王雪娟每天想的是如何把课上得更有意思，"想尝试一点不一样的东西"，于是启动对教学的深层次探索，借助专业阅读、资料收集、独立构思，慢慢找到一条"原创式备课"的路子，即不依赖教参、不照搬教案、不重复自己，引导学生领悟语文之美。这些不断涌现的想法与尝试，成就了她个人长达3年的黄金赛课季。这3年，她几乎拿遍区级、市级、省级、国家级所有语文学科类比赛的一等奖。

但是，此后的她似乎又陷入新一轮的疑惑："原创式备课"的下一站在哪里？成为"赛课高手"之后做什么，要往哪里走？未来到底应该追求什么？

一次在听课时，一位名师的课堂教学点燃了她：在讲李商隐的《锦瑟》公开课时，这位教师没有从课本入手，而是从音乐切入，课堂状态和教学效果让人眼前一亮，给人耳目一新的感觉。课下，她了解到，这位教师为了讲好课文，读了60多本跟李商隐有关的书。

受此启发，王雪娟的语文教学目标逐渐清晰，阅读逐渐进入有目的、有针对性的阶段，她还找到一些归纳整合资料和深入解读文本的门道。她常追问自己：这篇文章，我想教什么？我能给学生什么？阅读目标的清晰，阅读范围的扩大，以及投入度的改变，直接反映在课堂教学的生态变化上，背后则是她审视教学的眼光在发生变化，对课文的理解和以往不一样，对教材的安排取舍越来越有主见，对"教什么""如何教"心里更有数。

之后的8年，王雪娟力求每节课都有新的设计与内容，甚至做到了教学内容的跨年段打通。例如，讲鲁迅作品时，她会把学生初中三年学过的作品再分析一遍，一起去发现教师和学生当时没有发现、关注却值得反思的部分。她也试着把高一高二的诗歌、小说等教学内容进行结构性打通，以专题的方式归纳，这样既节约了学生的学习时间，也提高了他们的阅读能力，学生上课既是挑战也是享受。

每次新一轮教学开始前，王雪娟都把大量时间用在阅读上，"看上去我是在下笨功夫，其实是在走捷径，前面的阅读积累做足了，后面的教学就会很轻松。"在王雪娟看来，之前的 8 年是她的专业阅读期，她能明显感觉到自己专业成长的速度开始加快。

"我是一个幸运的人，一开始没有明确的意识做什么样的教师，而是在关键阶段出现的一些书、一些人、一些事，让我找到归属感，觉得当教师很有意义。"王雪娟说，那些书、那些人和那些事都不太好区分，但她明白，如果没有阅读，她在有效时间内完成本职工作之余，可能就会发愁空闲的时间用来做什么。

王雪娟强调，教师的阅读是一个爬坡的、水到渠成的过程，专业阅读不能开始太早，从教之初即接触高深的理论书籍，容易受挫。而经过老老实实教和读的过程，有了一定经验，或阅读到了一定层次之后，再去读理论书籍，让理论书籍引领自己向前走，前面的路就会顺畅许多。"我在阅读上是过了一个坎儿的，从教初期，我编过一本有效教学的书，带我的师傅读得很投入，而我却怎么也读不进去。现在我能读进去了，是因为有了多年的教学经验和专业阅读打底，我对教学有了一定融会贯通的领悟力。"最近半年，王雪娟读了不少教育之外的书籍，如设计学领域的书，"以前想着怎么把知识教好，现在想着怎么把教学设计好，重心都放在了课程建设上。"

但王雪娟也坦言，自己的阅读量跟有的同行相比不算大，"教师里有很多牛人，虽然不是特别有名的教师，但读书特别多，能守住精神家园。实际上，阅读这条路，需要自己逼自己，有目标、上进心和坚持力才行，没有他法。我自己的感觉是，学生遇到好教师不容易，优秀的教师入门时很难分辨，其职业发展的高峰期一般在工作 15 年左右才会出现，之后便趋于平缓。还能往上走的，多半是有阅读习惯的教师。"

"因为阅读，我知道了语文是什么"

在王雪娟看来，不同学段的阅读，表现的色彩不同。相对而言，在小学阶段推进比较容易。初中阶段虽然有中考压力，但还有施展空间。到了高中阶段，阅读往往陷入颇为尴尬的境地。

背后的原因，她认为不难猜测，"首先是时间没有保障，就看老师能否在课内有所作为。许多老师认为，在高中推广阅读是一件很冒险的事情，没有多大发展空间，因为高考成绩是一条看不见的高压线，在不能保证提高成绩的情况下，很多事就推行不下去。从现实来看，敢于让学生在课堂上读课外书的老师不多，坚持做下去的，往往是真的热爱语文、真正明白语文是什么的人。"

那么，语文到底是什么？语文到底应该怎样教？

王雪娟的答案是，语文教学不应一味地让学生多阅读多写作，课堂也不应该只是讲评课文和试卷。对教师来说，真的不在于你用不用教材教，不在于教材中的那几篇文章讲得透不透，而在于你能否通过专题阅读培养学生的语文能力。"高中生有很强的思考能力，教学是一件非常有意思的事儿。每一篇课文于我而言，都是新的挑战。很多时候我上公开课的灵感不是来自专业图书，而是来自与教育关联度不大的图书。我现在会关注各类图书，想着如何与教学结合起来，能否转化为学生的学习能力。"

高中四个学期的语文课，王雪娟常常拿出一个月左右的时间，讲教材之外的东西，如文学作品、专业论文。为了上好一节《论语》课，她啃下 5 本《论语》研究专著；为了讲好《春江花月夜》，她参阅了近 10 万字的材料。2018 年 10 月，她和学生深入探讨了白居易的《长恨歌》，以前只是读一读就结束了，但当时正好电影《妖猫传》热映，于是，她引导学生对比文学作品和影视作品中人物塑造的区别，讨论"杨贵妃是红颜祸水还是替罪羊"，让学生比较文本差异及背后的原因。从《长恨歌》开始，她和学生陆续研读了《李隆基传》《安禄山传》《杨贵妃传》等相关内容。王雪娟摘选了一些学生能看得懂的文本分析，帮助学生了解学者们的各种结论都是怎么得出来的，用了哪些证据、参考资料，推理过程如何。学生有了兴趣后，她就鼓励学生写研究性文章，在此过程中学会用材料支撑观点，锻炼批判性思维。论文在全班展示后，她再做课程小结，引导学生继续研究。

王雪娟告诉记者，那一个多月，他们一直围绕《长恨歌》展开教学活动。"学生看了很多资料，还评析电影《妖猫传》哪里拍得不合理，逐渐深入历史、文本、写作以及学术研究的内里，有方法，有深度，有思想。这种以输出代替输入的方法，倒逼出了有效学习。一开始很辛苦，但结果很可喜，学生有了以前不敢想象的收获。"教学《红楼梦》，她使用的也是这种由浅入深的类似学术研究的方法：书中前5章，她引导学生读与曹雪芹有关的评价；读到具体的书中人物，她引导学生读跟人物有关的论文；下一阶段则是品读书中的诗词……一步步走下来，每节语文课都有新的东西，都让人期待。

讲课时，王雪娟喜欢发挥学习共同体的作用，让同学之间相互看所写的文章，分析存在的问题。一次，一名学生写了读冯友兰的《中国哲学史》的随笔，同学们都很惊讶，这不是大学生读的吗？班里竟然有如此高手！一旦有了榜样，有了参照系，她发现学生身上越来越多的东西凸显出来，比教师推荐书目有意义得多。榜样的力量也会从本班扩大到隔壁班，学生们"活色生香"的作品，比从网上得来的陌生人写的所谓满分作文好很多。

这些看似与考试无关，但王雪娟觉得恰是语文教学的正道。语文教学要紧扣教材，但又不能唯有教材。应试教育和语文能力是可以并存甚至相融的，两者应结合在一起，即要跳出教材教语文，将语文看作综合能力培养的学科，所谓的教学素材能用就用，不能用就舍弃。王雪娟说："在早些年的赛课阶段，一位教师对我说，语文教师的核心能力是文本解读能力。现在回头看，我觉得语文教学的下一步应该是追求批判性思维的培养。"

有学生家长问王雪娟：为什么孩子读了很多书，语文成绩却没有提高？她的看法是，让学生多读多写其实是语文教学的误区。在时间有限的情况下，多读做不到，反不如精读多写。语文教学最大的特点是没有统一操作的方法，各个教师的阅读偏好非常大，传递给学生的信息不一样，这正是语文富有魅力的地方。"语文课最难的是引导，教师本身的知识量如何，阅读的深度和广度决定着语文课的底色。走专题阅读的路子，需要教师在阅读上不断精进。完全靠大学的阅读底子，很难做到提升。有了阅读，有了底气，才可以大胆做加减法，让学生发现未发现的语文魅力。"

"用阅读来提升专业，用专业来解决问题，这时候的阅读就有了方向，有点像扫雷游戏，点开一个，打开一片。"王雪娟表示，她曾给语文教师推荐过书，发现有的教师像她当年一样，读不进去或没有什么体会，可能是没有找到触动的点。"当今时代确显浮躁，但总会有人静下心来，坚守足下的讲台，我渴望成为这样的人。身为教师，生命中最大的幸运，莫过于在平凡的工作中，发现所教学科的魅力，发现自己的使命。"

"阅读与旅行赋予我两个世界"

王雪娟身上有较为浓重的为师者的灵动与谆谆之气，也有类似男孩的爽朗之风。如果挖掘这种个性的来由，她认为，很大程度上源于父亲，源于年少时她看的武侠小说。

王雪娟的阅读习惯的确受父亲影响很大，"我父亲是下乡知青，后来留在黑龙江牡丹江，他所工作的厂里有图书馆，由于他爱看书，每当图书馆购进一些新书时，管理员都会很宽容地让他一整包带走。带回去的书，都被放在家里坏了的洗衣机里面。父亲也喜欢给我买书，记忆中我读得最多的是《红楼梦》，从小学四年级开始读，当时不太懂，后来读了《〈红楼梦〉诗词鉴赏》，对理解原著非常有帮助。越到后来，读得越长、越深，对我的影响也越大。"

读小学时，王雪娟就通读了经典文学作品，一套24本的"世界名著全集"分为美洲卷、非洲卷、欧洲卷，至今她记忆犹新，那套书在她心里播下到外面去看看的种子。高考后填志愿时，她自然而然地填写了北京师范大学中文系。

"阅读与旅行赋予我两个世界：阅读让我逐渐找到人生的方向和职业的乐趣，旅行让我看到另一个不一样的我。"王雪娟说，她其实一直处在出走的状态，从牡丹江到北京，从北京到深圳，工作第五年时，她去加拿大待了3个月。旅行与阅读，打开了她的视野，训练了她的内心，以前喜欢热闹，现在喜欢独处。"我一个人去瑞士旅行17天，突然感觉自己成长很快，回来后我的很多方面都有变化，不再害怕某些东西了。在新疆徒步，也令我印象非常深刻。"王雪娟坦言，旅行让她的内心变得强大。

旅行的过程，丰富了体验，更有助于更新自我。王雪娟一直认为，优秀的教师要有活跃的思想、鲜活的灵魂，要喜欢课堂、喜欢投入，如此才能享受地站在讲台上，而这要求教师必须处于主动学习、不断体认自我、时常让心灵升级的状态。"坦率地说，当选为'年度教师'之后我越来越忙，现在想安安静静地教书比较难，读书也大受影响，状态不如前几年。有时候，忙到一天只能在睡觉前看一会儿书。如果有一天不被打扰，一个人看书、备课，那对我来说就是很快乐的一天。"王雪娟略显疲惫，她渴望平静的教育生活。

多年的阅读与旅行，留在王雪娟身上的是阳光的心态和精神的独立。学生对她的评价，她很看重，也都好好收藏——"你像我的向日葵，总是带给我希望和美好""我很喜欢上你的课，你经常在不经意间启发我们思考，给我们带来惊喜，带着我们去欣赏更高处的风景，让我们的心渐渐宽广起来"……这些话语是她继续努力的动力源。

至于为师者的幸福，王雪娟告诉记者："当学生说我的语文课带给他们惊喜时，当学生说想做一个像我这样的语文老师时，当毕业的学生说总能在失落时刻想起我的坚持时，当现在的学生说'我的老师这么优秀，我怎么可能不努力'时，我的内心就会被激发起一点超越平凡的高大——这，就是我最有成就感的时候。"

 **且读且悟**

1. 阅读这条路，需要自己逼自己，有目标、上进心和坚持力才行，没有他法。

2. 优秀的教师入门时很难分辨，其职业发展的高峰期一般在工作 15 年左右才会出现，之后便趋于平缓。还能往上走的，多半是有阅读习惯的教师。

3. 有了阅读，有了底气，才可以大胆做加减法，让学生发现未发现的语文魅力。

4. 阅读与旅行赋予我两个世界：阅读让我逐渐找到人生的方向和职业的乐趣，旅行让我看到另一个不一样的我。

 **读书解惑**

"反思是专业成长的最关键因素"

记者：语文教学的放与收、讲与不讲，每位教师可能都有自己的想法和方法。以您的教学经验，对我国很多学校一直坚持的刷题、死记硬背式备考，您怎么看？要想学生的语文素养真正得到提高，您认为应该在哪些方面多花时间和精力？

王雪娟：从目前高考的考试方向和考试难度来看，靠刷题、死记硬背的老方法学习语文，并希望取得好的成绩，是不现实的，也是不大可能的。现在的高考对阅读能力、写作能力及其背后思维能力的考查已经远远超过了过去的考试，如果教师不从学生语文学习的根本上解决问题，就无法真正教好这个学科。

每一届循环，我都在思考：三年下来要让学生实现怎样的学习变化？从什么起点开始，到什么终点结束？什么样的课程设计最有利于学生的学习？教师应该发挥的作用到底是什么？……这样的思考促使我不断去调整、改进，甚至推翻过去的一些教学方式，更让我不断去观察、研究、学习。可以这样说，应试教学法大量存在的根源，责不在考试，而在于教师群体的少思考、不更新、难改变。因为相比之下刷题、讲题是最省力的教学方式。

语文学习可以用"输入—内化—输出"这样的流程来概括。从高中阶段来讲，输入要做到大量输入、优质输入，内化要做到深入思考、培养思维，输出要做到优质输出、有效输出。其中最难的是"内化"这一环节，它是在学生头脑内部完成的思维动作，不易外显，更不易即时外显，需要大量的思维锻炼才能培养学生在理解、梳理、探究、鉴赏等方面的能力。而这需要教师设计好语文活动来促使学生进行这样的思维锻炼。语文教学不应全是过去那样以课堂鉴赏为主的一言堂，或是师生间的简单互动。只有教师在"教学生怎么学"这个问题上下功夫，学生才能在更有价值的教学活动中完成学习。

记者：现在您的身份变多了，工作更忙了，继续保持原有的阅读的节奏想必比较难。其实，这是名师尤其是走上管理岗位的名师遇到的一个普遍问题。这个问题您觉得如何破？在专业发展达到一定高度之后，您认为该如何做进一步的突破？

王雪娟：第一，有好的阅读习惯的人无论多忙都会抽出时间阅读。我一直相信这一点。第二，有渴求了解事物意愿的人无论多忙都愿意去了解、去学习。第三，总是感觉到自身不足的人无论多忙都愿意去充实、去丰富、去提升自己。因此，我想，"如何破"这个问题的核心还是教师要具有自我提升的内在愿望。只要有心，不放弃阅读，能读一点就读一点，积少成多，就是有意义的。

我保持阅读的核心动力是总感觉自身不足，然后乐于接受新事物。专业发展到一定程度之后，不是感觉到满意，反倒是总能发现自身薄弱的板块、领域或者方向。然后有针对性地买一批书去学习、去阅读。在这个过程中又会发现更多的不足，然后不断迁移，拓展自己的"扫盲区"。这种阅读，不是要在工作之外挤出时间的阅读，而是和我的工作紧密结合在一起的。名师更应该有这种自我提升、自我突破的危机意识。我曾在专业发展的道路上有过两次瓶颈，时间都不短。突破一次，就进步一次；每进步一次，都发现了更广阔的天地。内心真的打开了，学习就会成为常态，终生学习才成为可能。

记者：到2020年您教书就20年了，从您的经历来看，让自己热爱讲台、热爱生活的动力主要来自哪里？总结20年来成就您的最关键因素，您觉得是什么？

王雪娟：动力这个问题其实不太好回答。我认为可能是自己在讲台上的满足感、获得感，是自己思考教学问题时感觉到的乐趣，又或者是从学生的成长中感觉到的个人劳动的价值。前段时间，我看到深圳市龙岗区福安学校杨勇校长的一句话，他说"教师个体专业发展最关键的影响要素是自己的价值观"。我觉得这个概括非常好。说到底，动力一定是根植于内心的东西，而不是外界灌注的东西。一位教师热爱自己的讲台，一定不是出于工作规范的要求，而是来自内心想要做好这件事的意愿，并认为做好这件事有价值。这也许就是教师应该拥有的价值观。

让自己不断保持进步，我认为最关键的因素是反思。反思对于一个人的成长太重要了。我所有的进步都要归功于反思。在阅读和实践中不断吸收、对照、批判、改进，从而知不足、知方向、知做法。教师是一个消耗性的职业，而教育是在不断进步的，学生是在不断进步的。如果教师不懂得反思，不知道不足，不能够学习，那么他和现实之间的差距就会越来越大。我经常感觉到这种差距，这是一种有益的自我认知，它带来的思考才是成就我专业成长之路的最关键因素。

 推荐好书

《追求理解的教学设计》（第二版），[美]格兰特·威金斯、杰伊·麦克泰格著，闫寒冰、宋雪莲、赖平译，华东师范大学出版社2017年版。

推荐理由：这不是一本教案集，而是一本阐述如何以"学"为中心进行教学设计的书，适合所有学科教师阅读。今天，越来越多的教师已经认识到，教学准备不是要备"教师如何教"，而是该备"学生如何学"。但是，如何从一个知识的讲授者转变为一个学习过程的设计者，这中间有着巨大的挑战。因此，这本书提供的"以终为始"的逆向设计理念及工具，就很有价值。虽然书中的案例以理科居多，但语文、英语等学科的教师仍然可以从中获得不少启示，因为重要的不是"如何做"，而是懂得"为什么要这样做"。

《如何阅读一本文学书》，[美]托马斯·福斯特著，王爱燕译，南海出版公司2016年版。

推荐理由：这是我读起来觉得非常有趣味的一本书，它还有姊妹篇《如何阅读一本小说》，相对来说这一本更为宏观。它用通俗的、

交流式的语言解释文学创作的理念、技巧和门道。读完后，我在想，我的下一届学生入学时，我要推荐他们读这本书；我的语文课能不能就从读这一本书入手，让学生知道文学阅读的趣味在哪里？什么是文学欣赏？如何品味语言？……单是它的目录，就已经很吸引人。书中还配有大量诗歌、小说、电影、戏剧的赏析实例，会让学生对文学创作有一个整体了解，这比单听教师上课时借助单篇课文讲的琐碎内容有价值得多。培养学生良好的阅读品味和赏鉴能力，理应是语文教师在文学课上的终极追求。

《作为意志和表象的世界》，[德]叔本华著，石冲白译，商务印书馆2018年版。

推荐理由：和叔本华的一些散文随笔比起来，这本书的阅读难度不小。但是，阅读具有挑战性的文字，能让人产生"啃书"的成就感。书中对真善美的理性阐述，让人超出日常的局限，进而穿过事物的表象，在一个相当抽象的思维空间里理解世界以及人类自身无法摆脱的痛苦。你会惊叹作者竟然有如此深刻的洞察力和言说层面的表达力。如果想更好地认识自我，了解自身局限、悲哀的来源，就不妨读一读这本书。

夏昆
用阅读为学生打开一扇窗

　　中学语文教师，阅读推广人，《中国诗词大会》第一季擂主。著有《中国最美的语文》《在唐诗里孤独漫步》《温和地走进宋词的凉夜》《历史知道答案》《张小飞诗词大冒险》等。

夏昆

他是《中国诗词大会》第一季擂主，也是一位热心公益的阅读推广人。

他的课堂不只有语文，还有音乐、歌声、笑声和无处不在的思想躁动。

他爱读史，举手投足间颇有魏晋风范；他爱教育，一心一意让学生品味到世界的宏大、生命的美好。

夏昆：用阅读为学生打开一扇窗

一位普通的中学教师，却在《中国诗词大会》上大放异彩，成为惊艳全场的擂主；在课堂上，他将语文与音乐、电影、戏剧结合在一起，让学生大呼过瘾、大开眼界；在日常生活中，他现身于各种文化讲堂，引领更多的人亲近阅读，走近中华优秀传统文化。

在一些人眼中，这位教师似乎"不务正业"，除了语文什么都教；但在学生眼中，他幽默风趣，教的是有内涵的语文。的确，不循规蹈矩、不按套路出牌，是他执教 28 年来的一贯风格，抑或他的独特标签——夏昆，成都市新都一中语文教师，外表粗犷，内心狷介，文思细腻，才情过人——教过的学生，往往引为知己，认为他是一位真有内涵、真爱语文的教师；交过的朋友，都喜欢他身上的文人气质，将之视为真懂教育、真会生活的人。

"在读书上，我下的是笨功夫"

1992 年，初登讲台，夏昆自称是一位无水平、无资本、无成绩的"三无"教师。

那时的他，为了能在短时间内提高教学水平，也就是提高学生的考试分数，以在学校站稳脚跟，很希望有一位经验丰富的老教师指导自己，一如武侠小说里的风清扬于令狐冲、洪七公于郭靖，使他能快速掌握一门成为名师的绝学。

当时，学校里的何老师被公认为教学高手。当夏昆有机会问他第一个问题"要把书教好，有什么捷径"时，何老师的一句话既让他醍醐灌顶，又让他惭愧难当："有什么捷径？唯一的捷径就是读书！作为一位教师，如果身上没有一点儿书卷气，就没有了当教师的底气，怎么能叫教师！"何老师透露，他经常到学校图书馆翻看老师们的借书目录，结果让他有些遗憾。而他给予夏昆的建议，只有一个书名——"我觉得你应该看'二十四史'"。

当时夏昆一个月的工资根本无法购买一套"二十四史"，于是，他退而求其次，买了"二十四史"光盘，给自己定的目标是每天至少看一卷。他在电脑上设置了一个预定任务，每天晚上8点，系统会自动打开光盘阅读，天天如此，从不间断。到了2000年，他已经读完《史记》《汉书》《后汉书》《三国志》《晋书》《北史》，读坏了3套光盘，这样的阅读让他依稀有了前所未有的充实感。

"读史让我找到了语文的根，"对于阅读与教学的关系，夏昆如此评价，"在读书上，我下的是笨功夫。读完如此浩繁的原始史料后，我似乎触摸到了某种实质性的东西，就是已经能够将课本知识还原到它们各自在历史中的本来位置。而这棵历史之树内部之间又是有机联系在一起的，牵一发而动全身，举一反三，触类旁通，一览无余。"长期大量的阅读，更使他对文本的理解和领悟能力上了一个新台阶，对课文中的一些观点有了自己的视角和看法。他的课堂渐渐变得与其他教师的不一样，他整个人也似乎有了蜕变。

后来，夏昆陆续写下10余万字的读史笔记，并接连出版了《历史知道答案》《率性教书》《教室里的电影院》《中国最美的语文》《在唐诗里孤独漫步》《温和地走进宋词的凉夜》《给孩子读唐诗》《给孩子读宋词》等既叫好又叫座的专著。长期的阅读积淀、扎实的历史功底，让他慢慢在课堂之内和校园之外都有了初为人师时所没有的底气。

在2016年的《中国诗词大会》上，夏昆对古诗词熟稔于心，信手拈来，展示了博识强记、诙谐幽默的一面，成为让人刮目相看的金牌擂主。近些年，他受邀录制了一系列针对不同年龄段儿童的"最美唐诗启蒙课""唐诗启蒙寒假课"等音视频节目，让更多的孩子走进古诗词，感受古代诗人的奇闻逸事、才华风姿，爱上中华优秀传统文化，一时成为极受观众欢迎的风云人物。

曾有人问夏昆，语文教师一定要读"二十四史"吗？他的回答是："不一定！重要的是你能否安安静静地坐下来读几本书。"相比于读什么，读起来是教师更迫切需要的行动，只有把阅读融入生活，作为一种生活方式，才能找到教师这一职业的乐趣与精髓。"教师的绝活也许有千千万万，但我执拗地认为：只有读书，才是教师真正的绝活；也只有这样的绝活，才对自己的教育教学、自己的学生真正有益。我很欣赏一位教师的一句话：不管读什么书，只要保持一种读书的生活方式，读起来，再慢慢深入阅读的内里，在某一方面扎进去、厚积薄发，经过时间的沉淀，教师就会变得与最初的自己不同，担得起'人师'二字。"

"语文之用，在于让学生受益终身"

凡是听过夏昆讲课的学生，都极其喜欢他的语文课。

课堂上，夏昆不只用教材教，还和学生交流所有与语文有关的内容。例如，有的学生喜欢读网络上的玄幻小说，听完学生的阅读感言，他的评价既有肯定也有保留：看得出作者功力很深，视野很宽，了解不少宗教、历史、政治学、社会学等学科的知识，对情节发展的设计也有可取之处；有的学生羡慕小说中的主人公有三妻四妾，这是时代落后的产物；如果小说靠暴力、色情、低俗来吸引读者或推动情节发展，则属于过度渲染，一定不是好作品。他通过对比分析告诉学生，文学作品的内容评价或许有多种角度，但外行看热闹，内行看门道，好作品无一例外都具有积极的价值观，在提高读者鉴赏能力的同时，能带给读者正面的世界观、审美观。

"语文教学应该秉持一种大语文观，既要有思想、有深度，又要讲究艺术性，有着对真善美的不懈追求。"在夏昆看来，语文重在打开学生的视野，这是学校教育可以做到的，也是母语教育的使命，更承担着打开学生视野、培养学生人文素养、为学生终身幸福打底色的任务。教师，特别是语文教师，首先应该是文史哲不分家，要通过学科教学让学生明白为人处世的道理，赋予学生受益终身的智慧。

他告诉记者，在美国，语文有两种教法：一是讲语法，即传递母语的工具性；二是讲文学，旨在提高学生的文学素养。20世纪50年代末以来，两者逐渐合在一起。当下我国的语文教学也应遵循这种方式，不必纠结于语文到底是工具性的还是人文性的，"两者其实就像一枚硬币的正反面，都很重要，不可分割。语文要有语文的味道，要涵盖某些内容，但也要拒绝一些内容，最根本的是兼有知识与能力、思想与艺术。"夏昆认为，口头争辩毫无意义，不如在社会实践中用好大语文。

夏昆坚定践行大语文教学观的行为，源于2004年他参观华德福学校的所见所闻。

夏昆参观的华德福学校是一所中学，他听课时正好赶上一名美国学生来交流，其与中国学生较大的表现反差深深触动了他。原来这名16岁的美国高中交流生，因研究中国环境污染的课题而休学一年来到中国。"这个看似大而不切实际的主题，其实切中了中国经济发展的要害，课题非常有价值。课堂上，这个学生的思想非常活跃，发言积极，与教师的互动非常多，而中国的学生显得比较沉闷、木讷。为什么会这样？我想更多的是源于恐惧，怕回答错了老师对自己有看法，怕被同学看不起，等等。当教育环境不断给学生施加越来越大的心理压力时，学生不可能放手去研究有价值的社会问题，更别说产生创新型人才了。"

"教育问题不只是教育本身的问题，而是诸多社会问题的反映。"夏昆说，如果教学评价的标准太单一，只有分数这一把标尺，用作业、考试来代替学生的独立思考，那么语文也就窄化为冷冰冰的学科，降格为纯粹应付考试的工具，教与不教没有什么两样。分数固然重要，但没有重要到可以替代一切的地步。在他的班里，女生最骄傲的可以是成绩，也可以是颜值；男生可以骄傲于外表，也可以是写作或鉴赏。

不管是作为语文教师，还是其他科目的教师，首要任务就是阅读、学习。语文教师自己丰富了，课堂就不可能是贫乏的。在应试倾向依然明显的现实条件下，如果教师真诚地面对家长，告诉家长自己教书的原因、目的之后，绝大多数家长是会理解并支持的。夏昆不止一次表示，"对我来说，让一个被应试教育折磨得迷失了自我的孩子重新找到自身存在的价值，比教出多少个考上北大、清华的学生更重要，也更幸福。"

而夏昆眼中的好教师，无疑是能把自身资源用在教学上的教师，是能调动学生学习兴趣，将精力用在阅读经典和热爱生活方面的教师，是引导学生追求美好、高雅和伟大的教师。"现在许多学生被认为层次低，只因为他们不阅读，或者读的只是动漫和玄幻小说。如果说学生的自信很大程度上源于阅读，那么让学生爱上阅读、爱上语文的最好办法，就是清除一块杂草，种上庄稼，教师作出示范、引领。如果教师博学、不迂腐、多才多艺，那么学生自然就会亲之爱之，心向往之。"

课上与课下，夏昆也和学生一起讨论诗歌、古诗词，因为诗词的美不是割裂的，音乐、电影、流行文化，都可以与诗融合。师生一起读的不仅是诗歌、看的不仅是诗人，还有他们背后的时代。而学习古诗文的目的，不是要去做一个古人，而是要从诗词中观照今天的生活。夏昆感慨道，"教材本身是一个各方妥协的产物，古代与现代被割裂开，如果教师完全拘泥于教材，就教不好语文。教师不能放弃自己的思考，语文在书本中，更在生活中；在现实中，更在历史中；在当下，更在未来。"

"我想带学生多看看窗外的世界"

教书这么多年，夏昆很少与学生结怨，更多的是结缘。

2013年，他收到一封陌生人发来的邮件，信中第一句话是："夏老师，您好，您还记得我吗？"信中说自己愧对老师，高中时成绩垫底，高考语文都没及格，最后只读了专科。之所以现在才和老师联系，是因为他大二时参加了一家非常著名的国际公司的面试，竞争对手都是硕士研究生、博士研究生。但后来，他以一个专科还没有毕业的学生身份应聘成功。

夏昆说，当时他不知道写信的学生是谁，但看到信的末尾一个熟悉的名字时他笑了。"当时是1998年，我当班主任，要协助英语老师开展教学。为了活跃课堂气氛，我设计了课前五分钟演讲环节，这个名叫易东的学生成绩虽然不好，但每一次分享都非常认真。一次，他经过我的同意用晚自习时间分享了动漫《死神》。那天晚上，他的准备工作远远超出我的预料：准备了很厚的文字材料和有音频、视频的PPT，还给每个同学打印了一份歌词。最令人难忘的是鉴赏课结束时，他播放了《死神》的主题曲《生命如一条船》，还打开风扇，让无数樱花飘落在教室里。虽然那个画面当时没有被拍下来，但至今仍深深印在我的心里。"

从那年开始，夏昆常常利用教学边角料的时间，和学生一起听音乐、鉴赏诗词、评鉴影视剧，语文课由此变成艺术的殿堂，学生的反响超出想象。古代的孟浩然、司马相如、卓文君、纳兰性德，现代的仓央嘉措、张爱玲，从谢晋到北野武、张艺谋到斯皮尔伯格，从冼星海、瓦格纳、贝多芬、柴可夫斯基到鲍勃·迪伦，从《雪绒花》《昨日重现》《无心快语》到《此情可待》，从《四季》《天鹅湖》《托卡塔与赋格》到《第五交响曲》，都是师生一起热聊的话题。每周二，他都会把自认为经典的电影放给学生看；每周一次的音乐鉴赏课，他都会在教室里弹吉他。他的班级有一个师生约定的传统，即每周有一天晚上不开灯，师生坐在静谧的教室里，一起唱民谣、品民谣。

之所以用音乐来点亮中学生的校园生活，是因为夏昆喜欢音乐，他认为音乐对学生的未来有帮助，一个教师对学生的影响或许有限，但那些经典的音乐、伟大的音乐人物能超越教师，影响学生很多年，为他们的生命奠基。

夏昆最骄傲的事情，就是当他的学生走进大学之后，谈论的话题不只是考试、读研、找工作，还包括诗词、音乐、电影，各种丰富多彩、有趣有爱的事物。"当了老师后，我才发现，教育不是什么麦田，而是一间屋子，里面关着学生，也关着老师和家长。我要做的就是把想来挡住窗户的人一脚踢开，告诉里面的每一个人，窗外有很多很美好的景色。"夏昆动情地描述着他对教育的理解。

而让夏昆热爱当中学教师，并坚持语文与艺术相结合这一教育理念的，源于自己的成长经历。他曾在《等候在生命拐角处的老师》的文章中，回忆自己的中学老师：上学期间，他一直是班里的后进生，高中阶段还被转到没有升学希望的职高班。后来，有幸遇到梅老师，将他放在自己班里。梅老师告诉他，他不应该是这个样子，应该有更好的前途。梅老师的引导，让他找到学习的热情与动力，成绩逐渐好转，连最难啃的英语也因为自学完从初一到高三6年的英语课程而有了很大起色。高中毕业后，他考上了师范大学，4年后成为一名中学语文教师。

"梅老师是我的恩师，我一直感激她——她将我这样一个很多老师唯恐避之不及的学生，变成学校里数一数二的优秀学生。更重要的是，她让我这个后来也成为一名语文老师的学生明白了，给几乎处于绝境的学生一片阳光、一次机会有多么重要，"夏昆深情地说，"我希望自己能像梅老师那样，静静地等候在某个学生生命的拐角处，给他一个鼓励的微笑，或者在他前进的路上轻轻地推一把，让他看到世界的宏大、生命的美好，这样我就心满意足了。"

 **且读且悟**

1. 相比于读什么，读起来是教师更迫切需要的行动，只有把阅读融入生活，作为一种生活方式，才能找到教师这一职业的乐趣与精髓。

2. 教师的绝活也许有千千万万，但我执拗地认为：只有读书，才是教师真正的绝活；也只有这样的绝活，才对自己的教育教学、自己的学生真正有益。

3. 语文教学应该秉持一种大语文观，既要有思想、有深度，又要讲究艺术性，有着对真善美的不懈追求。

4. 对我来说，让一个被应试教育折磨得迷失了自我的孩子重新找到自身存在的价值，比教出多少个考上北大、清华的学生更重要，也更幸福。

 **读书解惑**

"只要坚持读，总会找到自己的方向"

记者：每位语文教师都是母语的代言人，身上应该都有较为厚实的传统文化底子。这个底子怎么打，您从教之初啃"二十四史"的做法，其实做了一个很好的示范。有些语文教师可能出于各种原因，下不了这样的笨功夫，对此，您能否指点适合他们的其他路径，让他们能在相对短的时间里有一定传统文化的积累？

夏昆：我曾经在一篇文章中写过，虽然我读了"二十四史"，但并不鼓励其他教师通读。因为每个人的阅读都应该有自己的路，这是别人无法代替的。而且，不管你选择哪一条路，必然会有你能遇到的，也会有你错过的，就如弗罗斯特那首诗《未选择的路》一样。所以，重要的是读书，而不是一定要读"二十四史"。

知识的积累，不管是不是属于中华传统文化的内容，我以为道路都是一样的，大致可以分为两步：一是广泛阅读基础上的个人兴趣阅读；二是深度阅读之后的写作。依我看来，很多教师的问题在根本上是不读书，更谈不上系统地读书。事实上，如果你的阅读达到了临界点，就自然会有写作的欲望，而写作是更深一层的学习。如此循环往复，我想不出五六年，教师就可以在相应的领域里有一定的成绩甚至一定的建树。

记者：以您的成长经历来看，如果把教师从初登讲台开始，每五年划分一个成长阶梯，每段应该读什么、怎么读？在阅读规划的制定上，教师应该坚持哪些普遍的基本原则和方向？

夏昆：我的第一阶段是1992—1997年。首先是阅读教材以及教参，熟悉教学；其次是大量阅读文学作品，这纯粹是出于个人爱好，也是因为读大学时很多书看不到，当老师之后在学校图书馆看书非常方便。

第二阶段是1998—2003年。这段时间是我的教育观念发生转折的时期，当时对我影响最大的是网络，即在新教育论坛和中学语文资源网论坛上，我看到了朱永新、王晓春、王栋生等教育大家的作品，给我醍醐灌顶之感。我也认识了郭初阳、魏勇、干国祥、魏智渊、梁卫星等一线教师，从他们身上获益良多。受这些教师的影响，我扩展了眼界，主动找来苏霍姆林斯基、克里希那穆提、陈鹤琴等教育名家的作品来学习，同时从1998年开始阅读"二十四史"。

第三阶段是2004—2009年。一方面是"二十四史"的持续阅读，另一方面因为从 1998 年开始我要给学生开设诗词鉴赏课，对自己的诗词积累和诗词功底提出了更高的要求，于是，无奈之下，我开始恶补诗词。大概在 2002 年，我开始学着在网上发帖，将自己的一些阅读感受记录下来，我的文字居然被出版社看中。2007 年我出版了第一本书《唐诗的江山》，2009 年出版了第二本书《率性教书》。

第四阶段是 2010—2015 年。"二十四史"的阅读大概是在 2012 年结束的。10 多年的历史阅读对我的影响非常大，直接体现在课堂和写作中，正史大致读完之后，这段时间我疯狂阅读野史和古人笔记，并与读过的正史比照，试图寻找被正史掩盖的蛛丝马迹。遗憾的是，由于水平业余，什么也没发现。这段时间我陆续出版了《教室里的电影院》《中国最美的语文》《在唐诗里孤独漫步》《温和地走进宋词的凉夜》等，阅读的主要目的是为写作服务，即为了写作查找相关资料，阅读相关文献。

第五阶段是 2016 年至今。2014 年，我创办了公益讲坛"夏昆人文艺术讲坛"，2019 年讲坛更名为"诗生活·人文艺术讲坛"，免费向社会公众介绍诗词和传统文化。因为要引入音乐元素，所以这两年我的工作重点全部放在创作词曲和乐队排练演出上，同时继续阅读与诗词相关的书籍。

总体来说，我无法告诉别人应该怎么读，或者选择什么方向。我的感觉是，只要坚持读，总会找到自己的方向。

记者：您自己的生活丰富多彩，所带的学生也热爱生活，师生关系很好。这一点跟您的个性有关，还是多年坚持阅读后的一点点觉知？现实中，中学生活看似很丰富，实则应试压力很大。如何在做好应试的基础上，让学生发现学习的动力、未来的目标，您有怎样的做法和建议？

夏昆：我是一个爱玩的人，兴趣也比较广泛，读书时就曾被老师骂"门门懂，样样瘟"，直到现在也没有什么长进。最近 20 多年，我有意识地把自己喜欢的东西融入教学中，学生喜欢，我也喜欢，自觉这样做还行。中国高中生应试的压力，我们是无法改变的，所能做的只是在自己的课堂上给予学生更多的关注、更多的宽容而已。

至于让学生发现学习的动力，我觉得自己没有这个能力。只是尽可能给学生创造各种机会和平台，让他们展示自己、了解自己、发展自己。如果他们有足够的悟性，也许真的能发现未来的目标。

 推荐好书

《世说新语》，刘义庆著，朱碧莲、沈海波译，中华书局2014年版。

推荐理由：古人或许认为，大凡伟大的人，都应该非礼勿视、非礼勿听、非礼勿言，于是正史里的人物一个个像庙里的泥塑，一本正经，少了很多趣味，更遑论鲜活。所以，如果要看人，最好就在野史里看，而野史当中，《世说新语》无疑是最活泼、最有意思的。翻一翻书，想象一下名士风度，虽不能至，心向往之，那种感觉非常好。

《约翰·克利斯朵夫》，[法]罗曼·罗兰著，傅雷译，湖南文艺出版社2017年版。

推荐理由：我跨入青春期是在20世纪80年代，那是一个崇尚理想、崇尚艺术与美，同时相信未来的时代。我第一遍读《约翰·克利斯朵夫》便是在这个时代。

我已经记不清多少次因为这本书而激动得夜不能寐，也记不清多少次被这本书感动得潸然泪下，也有无数次掩卷沉思。从小说中那个外表粗笨魁梧的年轻人身上，我无数次寻找自己的影子。在22—35岁那段时间，几乎每年我都会把这本书翻出来读一遍，我戏称为"充电"。阅读是让自己遇见伟大的灵魂，这些灵魂在世上过于稀少，要么跟自己不在同一时代，要么跟自己不在同一空间。但是，阅读使我

们跨越时空的限制，近距离地观察他们、抚摸他们，跟他们对话，甚至在某种程度上融入他们。

后来，这个世界变了很多。而今，"理想主义"已经成为具有讽刺意味的词汇，诗歌、音乐已经成为不切实际的奢侈品，诗人和海子一样变成了孔乙己，成为短衣帮们嘲笑羞辱的对象。那些曾经在大学校园里随时捧着一本诗集的少男少女，逐渐成为油腻的中年男女。如罗曼·罗兰所说："有时连最强的人都不免在苦难中蹉跌，他们求助，求一个朋友。"而《约翰·克利斯朵夫》就是这样一个朋友。

很多年后，我依然记得这本书的结尾：巨人克利斯朵夫背着一个孩童涉过大河，孩子越来越重，巨人几乎支撑不下去。但是最后他终于到了对岸，晨曦初露，钟声响起，巨人问："孩子，你可真沉啊！你到底是谁？"孩子回答说："我是即将到来的日子。"——2017 年，我在德国一个小镇咖啡馆的门口看到了约翰·克利斯朵夫背着孩童的雕像，那一刻，我热泪盈眶。

窦桂梅
阅读改变教育人生

　　清华大学附属小学党总支书记、校长，清华大学基础教育研究所所长。小学语文特级教师，正高级教师，教育学博士，国家语文教材审定委员会委员，先后荣获"全国模范教师""第四届全国教育改革创新杰出校长""当代教育名家"等称号。著有《小学语文主题教学研究》《听窦桂梅老师讲新课》等。

窦
桂
梅
——

窦
桂
梅

小学语文教师应该是什么样子？有人说，就是她
那个样子。

优雅的气质、极具感染力的表达和恰当的体态语
言，她让人体验到母语的内在之美，感受到语文
的趣味，成为讲台上一道无法复制的风景。

一个从山村长大的孩子，一朵绽放在小语界的
"玫瑰"，阅读，将两者神奇地合而为一。

窦桂梅：阅读改变教育人生

"读有字之书是一种光合作用，读无字之书是一种化学反应。作为一名教师，要关注周围的世界，要发掘身边的教育资源……"很多年了，清华大学附属小学校长窦桂梅一直有个习惯，一旦读到有趣的教育故事，看到感人的教育细节，或者有了新的教育感悟，总会在笔记本上记下来。

而今，大大小小的本子铺开来，几乎可以铺满一书桌。凭着不懈的记录与反思，出于对阅读的热爱，窦桂梅从一名代过音乐、数学、美术等课的"替补队员"起步，写下了数百万字的专著，提出了一系列语文教学主张，并成长为小语界最知名的特级教师之一。

透过那些或摘录或反思的文字，我们窥见了她的所思所想、她的喜怒哀乐、她的成长之路，也拾回了她最初的读书时光。

"小人书叩开我的阅读之门"

"我从小在偏僻的农村长大，最初与文字的相遇是从看小人书开始的。"提及最初的阅读体验，窦桂梅说，小时候她身边压根儿就没有什么书，唯一能找到的就是小人书。童年最大的快乐，就是与小人书为伴。那行云流水的线条、表情丰富的人物、简洁生动的文字，在信息闭塞的大山里，小人书像有魔法一样深深地吸引着她。

上小学后，窦桂梅更加痴迷地读着小人书，凡是能找到的，她都爱不释手，百看不厌。《红楼梦》《小刀会》《西游记》《大刀记》《一块银元》《周扒皮》等洞开了她未知的世界，让她有了一种忘我和沉醉的阅读体验。尤为难忘的是《三国演义》，全套48本小人书，由于姥爷的事先铺陈，她对这套书喜欢得不得了，阅读时更是有似曾相识的体验。

窦桂梅的中学是在县城读的，每天上学、放学她都要坐火车。在候车室等车之余，她习惯花两分钱租一本小人书，一个人躲在角落里静静地看。一次，她沉浸在"秋风五丈原"的悲凉中，完全忘掉了周围的世界。当她终于从难以接受的结局中走出来的时候，猛然发现周围出奇地沉寂。完了！火车早就开走了。于是，她不得不在候车室待了一整夜……

而今，小人书已经退出历史舞台。即使在大型的书店或书城，也很难找到原汁原味的小人书。机缘巧合，2003年，窦桂梅去台湾讲学，在那里，她发现了小人书的另一种表达——绘本，一种久违的感觉油然而生。那些画面精美、富有想象力的绘本，有一种直抵内心的力量。于是，她带着一大堆绘本回家，其中包括《猜猜我有多爱你》《我爸爸》《爷爷一定有办法》《天空在脚下》等，并以绘本为教学内容，成为在国内讲评绘本最有影响的教师之一。

源于对小人书的潜心阅读，窦桂梅善于启发学生关注绘本的细微处，发现隐藏在图画背后的潜在之意，从而生成了一个个生动而难忘的教学现场。一位教师听过窦桂梅的《我的爸爸叫焦尼》后，写道："时间悄无声息地走过，一堂精彩的课结束了，但窦老师的教学技艺却一次又一次地荡涤着我的心灵，启发着我的思想。这样的课堂绝不仅仅培养了孩子们的表达能力，更让孩子们在学习过程中得到了真正的教育。"

如今，人到中年的窦桂梅，依然喜欢看小人书，还经常四处搜罗小人书，和低年级学生一起看。每每沉浸在小人书的世界里，她仿佛回到了那个多彩的童年。

"文学让我窥见了生命的柔软与美丽"

有诗云：人生识字忧患始，姓名粗记可以休。但对窦桂梅来说，识字，让她认识了自己，走向了更为广阔的世界，开始了一段瑰丽的人生，也注定了她一生与语文相伴。

窦桂梅坦言，最初的认字是从报纸上开始的。20 世纪 70 年代的农村，报纸往往被用来糊墙。每天睡前，她喜欢和弟弟望着墙壁，一起玩找字的游戏，游弋在文字世界里的快乐，以及找到文字后的欣喜若狂，至今还清晰地印在她的脑海里。在此过程中，她的识字量飞速增长，尽管有很多误读，如"枉费心机"一直被她读成"狂费心机"，"解数"被读成"姐数"，上学后才被教师纠正过来，但这让她对教师这一职业充满了崇敬和好奇。

考上中师，走出大山，对窦桂梅来说，是人生的一道分水岭，也是阅读旅程中的起跳板。当她第一次走进图书馆，面对卷帙浩繁的书籍时，她突然有一种几近窒息的幸福感，感觉世界一下子变得无比开阔，于是开始不知疲倦地阅读。当她从最初的聆听走向纯粹的自主阅读后，无论是阅读的广度和深度，还是知识更新的速度，都开始加快。

人既需要栖居大地，倾听大自然的呓语，也需要仰望星空，聆听道德的律吕。窦桂梅说，读中师那三年，古今中外的文学作品，从普希金、雨果、陀思妥耶夫斯基到冰心、徐志摩、叶圣陶、老舍，从《青春之歌》《平凡的世界》到《安娜·卡列尼娜》《复活》，她都爱不释手。她尤其喜欢《简·爱》，喜欢反复品味女主人公的内心对白，女主人公甚至成了她心中不灭的偶像。这也是她在后来的代课生涯中，始终追求语文教学的恒久动力，是她反复打磨课堂的不竭源泉。

窦桂梅说，每次晚自习到图书馆读《红楼梦》，她都会以泪洗面，伤感不已，仿佛书中的人物就是自己。对书的主题，那苍天之下的一声叹息——"白茫茫一片大地真干净"，她虽不懂其深意，但却一下子记住了这句。有些书她不止读过一遍，一些语句现在还能背下来。

如今，一有空闲，窦桂梅就爱到学校附近的万圣书园淘书，一待就是大半天，她甚至打趣地将之称为"我的书房"。万圣书园里有很多人文社科类的经典书籍，而抱一摞书回家，内心的感觉和手中的书一样，都是沉甸甸的。

"与其说我爱看外国小说，不如说是文学让我窥见了生命的柔软与美丽。"窦桂梅说，那些人文经典让她拥有了宽广的文化视野和悲天悯人的人文情怀。在文学情境的熏陶和濡染中，经过时间的沉淀，她的内心变得丰富多情、细腻浪漫。而这也是她之所以成为一个对文字保持高度敏感、表达极具感染力的小学语文教师的源泉。在她看来，凭借文学的力量，一位语文教师把心中积蓄的情感散发出来，并将之弥散到课堂中，是一件非常幸福的事。

有人说，语文教师的底气就是拥有一定的文学素养。在窦桂梅看来，文学素养的获得、精彩课堂的生成没有他途，唯有广泛阅读。为了讲好课文《秋天的怀念》，她几乎通读了作家史铁生的全部著作；为了讲好课文《圆明园的毁灭》，她找来对这一历史事件有着不同评价的论著，并深入钻研；为了讲好绘本，她更是收集了整整两大书柜的绘本，反复对比、琢磨。正因为这样，讲台上的她总是充满自信、底气十足，她总能展现文本背后的精彩，使自己的教学迈向研究与生长的高度。就像有人评价的，"她带领孩子们走进的是一个美的世界。这个世界的美，美在丰富，丰富来自她对不同人生的阅读"。

语文教师应多阅读人文经典，窦桂梅以切身经历告诉身边的同事，这不仅是一种自我经验的积累，更是教学的需要。如果语文教师养成了阅读人文书籍的习惯，就一定能充满自信地站在讲台上。而语文一旦有了文学的味道，彼时的课堂一定会充满惊喜而又令人期待。

"写作，是另一种阅读"

在小语界，窦桂梅的爱写和能写是出了名的。

这种习惯在窦桂梅很小的时候就养成了。上小学时，她就喜欢摘抄精彩的句子。上初中后，她迷恋上成语典故和名人格言，于是本子上写满了"深智一物，众隐皆变""使鹅卵石臻于完美的不是棒槌的敲击，而是水的载歌载舞"等精彩的句子，并一度写在给同学的送别留言里。即使工作后，每次听讲座或参加培训，她都把当时的所见所感记录下来。每每翻阅这些笔记本，当时的情景乃至当天发生的小事，便会历历在目，让她的内心生出一种美的享受。

多年下来，窦桂梅记下了几十万字的读书笔记、上百万字的文摘卡片和教后记。在她看来，写读书笔记既丰富了她的语言、增强了她的语感，也使她获得了一种终身受用的精神力量，更重要的是她从中练就了提取和整合信息的能力。她说，"当我们把教的、读的、感悟到的内容记下来时，就会发现，那些方块字促成了我们专业素养的提升，化成了教学的结晶和印记。一名语文教师读书、教书乃至写书的过程，实际上就是其专业素养提高的过程。写，能改变我们的课堂磁场，甚至能改变我们的生命属性。"

于是，在出国访学之际，窦桂梅带回的除了巨大的心灵触动，还有一篇篇细腻而感人的行走日记。从日本回来，她写了《刻在日本国土上的中国汉字》等25篇文章。几年前，她去了乌克兰的帕夫雷什中学，带回珍贵的苏霍姆林斯基的照片。在为此行撰写的《朝圣帕夫雷什中学的日子里》一文中，她写道："带不走塑像，我却带回了最宝贵的没有在任何报纸杂志上发表的照片——摆放在我的办公桌上，每一次望见他，我不得不用一种与过去不同的目光凝视他。"2011年4月底，窦桂梅赴美参加中美文化交流活动。20多天里，她访问了美国多家教育管理机构、大学以及高中、初中、小学等，拍摄了几百张照片，写下了《由希拉里的演讲想到的》等数十篇文章。

除了写教育随笔，窦桂梅还写教学思考，记录自己在课堂上的行走过程，不断完善每一个教学细节。在教《珍珠鸟》一课时，她写下这样的教学困惑与反思："人该不该放鸟？鸟会不会飞走？这是我教学的困惑，也是学生的困惑。当知识和真理发生冲突的时候，教育该如何选择？我把'结'抛给了学生——假如我们是珍珠鸟，那我们飞不飞走？这也许像讨论'娜拉出走后会怎样'一样，令人继续更头疼地思考。"

"记录这些教后思考，会促使我不断寻找问题、解决问题，并进一步由具体问题延伸、拓展开去，努力上升到更高的层次和更广的范围来反思、重建。"窦桂梅说，这样的书写不仅仅是课堂记录，还是从琐碎与无奈中剥离出有价值的思想，从而超越了重复的枯燥，让教学的日子变得有滋有味。其实，写听课笔记不是为了体现写作水平有多高，更不是为了发表，而是不断积累，观照自己的课堂。

正是出于对课堂和内心的观照，窦桂梅得以深刻地理解孩子，渐渐明白何谓真正的语文以及语文应该教什么，也使自己成为儿童喜欢的真正的小学语文教师。

成为真正的小学语文教师并不是最终目标，如今的窦桂梅依然过着白天做校长、晚上做书生的生活，从阅读中汲取前行和超越的力量。因为，她坚信美国诗人艾米莉·狄金森的那句诗：没有一艘船能像一本书，也没有一匹骏马能像一页跳跃的诗行那样，把人带向远方。

 且读且悟

1. 凭借文学的力量，一位语文教师把心中积蓄的情感散发出来，并将之弥散到课堂中，是一件非常幸福的事。

2. 语文教师的底气就是拥有一定的文学素养。文学素养的获得、精彩课堂的生成没有他途，唯有广泛阅读。

3. 一名语文教师读书、教书乃至写书的过程，实际上就是其专业素养提高的过程。

 读书解惑

"读书，最重要的是行动"

记者： 教师的知识结构影响教师能否上升到更高的阅读层次。您认为，当前的小学语文教师在素养上最缺什么，最需要阅读哪些方面的书籍？

窦桂梅： 当今小学教师急需提升的是自身人文素养和学科专业素养。我们今天看到媒体报道部分教师毫无人情与底线的行为，这背后反映的首先是这个教师作为一个人，他所应当拥有的正义、平等、博爱等最基本的素养是缺失的。当然，这背后有小学教师工作的特殊性。小学教师的负担普遍很重，白天就像上满了发条的钟表，没有片刻的喘息，这是不从事教育工作的人所无法理解和体会的。于是，有相当数量的教师，不看新闻、不读报纸，更无从谈读书。对于这样的教师，只要能捧起书本，哪怕是阅读文摘小品、掌故趣闻，就算是修身养性了，总好过逛街、打牌。而对于教师队伍中那些"有良知和社会责任感的知识分子"，我想，不用我推荐，他们也一定能自觉地为自己的思想准备盛宴。

至于学科专业素养方面的阅读，我想应当分成两种：一是作为教师应当读的教育学、心理学、课程论等方面的读物，特别是当一个成熟的教师到达职业高原期的时候，回过头来看那些自己曾经读过的书，也许会有许多新的领悟，觉得"诚哉，斯言"；二是作为某一学科的教师应当读的属于所教学科的读物，就语文教师来说，起码得阅读文艺理论、中外文学史、古代汉语、现代汉语等相关方向的图书，

以及相当数量的文学作品。

当然，不论是阅读哪种类型的书籍，经典和原典都是首选。在精力有限的情况下，阅读经过时间淘洗的经典，以及代表作家、作品本来面貌的原典，能起到四两拨千斤的作用。

记者：语文教师要成为杂家。对于如何更好地吸收人文、历史、心理等知识，为教育教学所用，您有什么样的经验或建议？

窦桂梅：其实，不单是语文教师，所有的教师都应当成为"专才和通才的结合体"。关于语文教师的阅读，我想是否可以从这样几个方面考虑。

第一，循序渐进，量入为出。我们知道，培养学生阅读习惯的时候，第一步是培养兴趣，请君入瓮。其实，教师的读书也是这样，特别是读一些专业性很强的书籍。如果觉得韦勒克和沃伦合著的《文学理论》无趣，那么不妨先从孙绍振、王先霈的文本细读指导丛书读起。如果觉得《万历十五年》太过理性，那么《明朝那些事儿》则足够通俗易懂。如果觉得《存在与时间》太具挑战性，那么《苏菲的世界》《思想的盛宴》则是不错的替代品。凡有所得，必成学问。

第二，逼着自己养成阅读习惯。好的习惯需要重复21天方能形成。如果以前没有读书的习惯，那么逼着自己每天抢一点、占一点、挤一点时间，就像薛瑞萍老师说的"恋爱的人总有时间拥抱，想读书的人永远都有时间阅读"，一点点形成习惯后，手边没书的日子，反而会觉得分外空寂。

第三，学会建立读书与教书之间的联系。虽然古人说书中有黄金屋，书中有千钟粟，但死读书的结果就是读死书。语文教师在读书的时候，心里要有一根弦，即书中的内容是否与我的教育教学工作有关联，凡是好的素材都要注意积累。偶然习得的知识或经验，也许能为你的课堂增光添彩。无论如何，读起来才是最重要的。当阅读积累实现由量变到质变的突破后，身为语文教师的你，就能真正笑傲课堂、指点江山，就能对学生的奇思妙想、刁难诘问做到兵来将挡、应对自如。此时，公开课、评优课等统统都会纳入你的掌控，你的教学会达到摧枯拉朽、势如破竹的境界，每天引得学生欢呼雀跃，让教室里艳阳高照。

记者：从教师到校长，您的阅读内容和方法想必发生了改变。您认为，作为校长的阅读与作为教师的阅读，有什么不同？作为校长，您有什么样独特的心得体会？

窦桂梅：担任校长之后，角色转变了，有太多从来没有经历过、没有学习过的事情要面对。所以你的阅读就不再仅仅是个人意义上的爱好，而必须是带有责任、有所担当的阅读，因为你也许会因为它，影响自己的决策，改变学校的航向。

金克木老先生曾在一篇文章中将人们的读书分为以下几类：跪着读的书——神圣经典；站着读的书——权威讲话；坐着读的书——为某种目的而进行的阅读；躺着读的书——文艺类书籍；走着读的书——能自身与之对照、与之谈话的书。如果说我做教师的时候更多的是"跪着读""站着读""躺着读"，那么我做了校长以后，可能更多的是"坐着读"和"走着读"。坐，是思考的姿态，依靠它，我学着在未知的领域里通过阅读获得宝贵的经验。比如说，对于经济学、管理学书籍的阅读。走，代表着行动与实践，不论是印证、对话，还是比照、反例，都为我提供了一面照出自己的镜子，一条坦途之外的小径。比如说，我曾经读过教育论之类的图书，如今站在校长的角度回顾，有些曾经不理解的问题，现在站在管理者的角度似乎觉得理所当然。还有一些我之前没有读过的课程论之类的图书，进入我的视野后，我所思索的就是这些书带给学校的意义，而非仅仅限于我曾经所教的学科。

 推荐好书

《道尔顿教育计划》，[美]海伦·帕克赫斯特著，陈金芳、赵钰琳译，北京大学出版社 2018 年版。

推荐理由：尽管我读过很多教育教学理论的书籍，但是《道尔顿教育计划》所带来的颠覆性的意义还是无所比拟。书中展现的教育世界，已经完全超越了传统意义上的学校教育，已经不是改良层面的对"教法、学法"的探讨。不论是实验室的设置、作业合同的设计，还是班级与课程时刻表的打乱……那完全依凭天性设置的教育方案，让我们真真正正体会到什么叫作受教育者的天堂。

《先知·沙与沫》，[黎]纪伯伦著，钱满素译，北京十月文艺出版社 2013 年版。

推荐理由：因为常常"人在旅途"，所以我每次去书店总要买几本轻薄的小书。这一套"大家小书"文丛中的每一本，或深沉，或谐趣，或绚丽，都是经典。本书作者纪伯伦是黎巴嫩的文坛骄子，作为哲理诗人和杰出画家，他和泰戈尔一样，都是近代东方文学走向世界的先驱。本书以散文诗的笔调，娓娓道来，又句句箴言，字里行间充满了爱与美。它是我的手边书，随时可以打开，随便翻到哪一页都可以读起，每一次阅读都会带给我新的启发。

王崧舟
诗意的源头

中学语文特级教师，杭州师范大学教授，浙江省十大育人先锋。荣获"全国劳动模范""全国五一劳动奖章"等称号。著有《诗意语文》《美在此处——王崧舟讲语文课上什么》《美其所美——王崧舟讲语文课怎么上》《语文的文化品格》《王崧舟与诗意语文》等。

王
崧
舟

他酷爱阅读，博览群书，举手投足间自有一
种文人的味道。

他的课是一场思想盛宴，更是一种精神享受，
他让语文多了一份诗意的光华。

他是小语界极具个性的名师，渊博的知识和
行云流水的讲课背后，是对语文别具一格的
理解。

王崧舟：诗意的源头

我国著名教育家夏丏尊曾写过《蟋蟀之话》和《人所能忍受的温度》。初次读来，很容易让人误认为作者是一位生物学家或生理学家，因为这两篇文章中有关蟋蟀习性和人体对外界温度感应变化的论述，显现了相当高的专业水准。

其实，夏丏尊这种广博且精准的知识储备正是其做学问的独特之处。而同为浙江上虞老乡的王崧舟同样有着强烈的阅读动机、宽广的阅读视野，同样拥有少有的勤奋与聪慧，同样年少成名，并在历经一番挫折之后，实现了做人与为师的双重蜕变，成为家喻户晓的名家。

江浙一带出才子。从两位上虞名师身上，我们似乎可以觅到江浙频出才子的奥秘：这里不仅有绝好的自然景观，更有深远的读书传统。

"在阅读上，我是个典型的杂家"

王崧舟的课有味道。

心平气和，不疾不徐，轻言细语，娓娓道来，40多分钟的一堂课，听者完全被诗意与意象构建的世界所吸引，并兼有历史学、心理学、文艺学乃至哲学的奇妙体验。

而这些特别有味道的知识，在王崧舟看来，还是出于自己不功利、随性自然的阅读习惯，"我就是天生喜欢读书，好奇书里的内容。

我一直觉得，每本书都是一个生命，充满诱惑与灵性，你不去跟它打照面，它便静静地躺在你的书柜里。你拿起书来，它就是活的，就会和你对话。而跟你对话的每一本书都是不一样的，都会给你开启不一样的精神世界。当你进入书里，也就进入了一个异彩纷呈的世界，在体验一代又一代人不同的生活。"

从文学作品、教育理论、哲学名著到宗教著作，乃至奇门遁甲，王崧舟都有所涉猎，且乐在其中。其实，他的"教育以慈悲为怀"即源自博览群书之后的感悟。

"我是相信转世的，读书就是在不断地转世。读《红楼梦》时，你就转世了，转到大观园去了，转到宝玉和黛玉那一世去了。读《不能承受的生命之轻》，你就转世到外国去了，转到布拉格去了，转到托马斯和特丽莎那一世去了。还有什么比转世这种体验更独特的呢？"王崧舟说。两年前，他读各种有关生命与灵性的书，如《与神对话》《奇迹课程》《一念之转》《遇见未知的自己》等。在阅读中，他感觉就像是活来活去的。而与书的相遇，他将之归结为缘分。在需要时，那本书自然会出来找你。"我现在经常有这种体验，就是当你想到它的时候，真诚地想它，这本书就会来找你。"

王崧舟家里有一间书房，顶天立地都是书。书房里，他拟了一副对联。上联是"明月一帘无心照"，下联是"诗书半斋随意读"。

每次去书店，王崧舟都喜欢信手拿起一本书，翻看一下目录，或看一下章节，如果感兴趣就买下来，放在家里的书架上，一旦有空就抽出来阅读。他读流行的书，如于丹的《于丹〈论语〉心得》、易中天的《品三国》；也读不流行的书，如汪荣祖的《史学九章》、钱穆的《晚学盲言》、杨成寅的《太极哲学》。有些书很难懂，"说老实话，我到现在还读不懂，但我爱读，越是读不懂，我越想读下去，可能是因为我心里总有一种好奇的欲望。"

在阅读上，王崧舟自称是个典型的杂家。他既读入世的书，如傅佩荣的《哲学与人生》、卡耐基的《积极的人生 智慧的锦囊》、彼得·圣吉的《第五项修炼》，也读出世的书，如佛学经典《金刚经》；既读教育类的书，如苏霍姆林斯基的《怎样培养真正的人》，并推荐给学校老师，也读非教育类的书，如费孝通的《乡土中国》，独自享受阅读的快乐。"范曾的《吟赏风雅》写得洒脱，写得雅致，他的书画在中国当代算是一绝。王小波的《我的精神家园》，我一边读一边偷着乐，那种无处不在的黑色幽默是从作者心里流淌出来的，挡都挡不住。刘小枫的《沉重的肉身》，试图回答困扰所有当代人的性伦理的问题，尽管我读得云里雾里，但就是不愿意放下。"提到阅读，王崧舟信手拈来，滔滔不绝。

语文专业的书王崧舟也读得深入而系统。他坦陈，他的语文教育思想一多半受浙江师范大学教授王尚文的《语感论》一书影响，在他看来，王尚文"做的是真学问，那种理论的涵养、思辨的功底真叫过硬，确实是科班出身"。而福建师范大学文学院教授潘新和的洋洋洒洒一百多万字的《语文：表现与存在》，是迄今为止王崧舟所看到的中国当代语文课程理论方面最有建树、最有见地的一套书，也是对诗意语文影响最大的书。

那是在王崧舟提出诗意语文后的两三年，大约在 2007 年末，他发现诗意语文进入了高原期，周围的批评声此起彼伏。那时他没有反驳，因为他感到有些地方没有想通。一天，长期关注诗意语文的浙江省小学语文教学研究会会长沈大安复印了一篇文章，让他读一读。那篇文章是潘新和写的，发表在教育类核心期刊《课程·教材·教法》上。读完文章，王崧舟有种相见恨晚的感觉，心中的很多困惑似乎都找到了答案。读完文章，他马上找出了潘新和的专著《语文：表现与存在》。花了大概大半年时间，他通读了一遍。虽然没有真的读懂，但还是感觉找到了诗意语文的理论根基。后来，他有机会与潘新和见面，两人聊得甚是投缘，成为一段佳话。

在教学《长相思》一文时，王崧舟苦苦琢磨了 3 个月之久，一直试图在古诗文教学上有所突破，但始终找不到灵感。于是，他做了大量的案头工作，写了文本细读，研究了纳兰性德的生平，查找了大量资料，但仍未有实质性的突破。不经意间，他读到了朱光潜的《诗论》，结果一看就看进去了，还看出了很多东西。后来，他的公开课《长相思》的教学效果非常好，成为他影响最大、最为得意的一堂课。"《诗论》这本书对我影响很大，20多年了，我一直在读，每次重读都能看到新的东西。"

其他的诸如美国学者兰色姆的《新批评》等非语文专业书籍，也帮助王崧舟窥见了文本细读的门道，因为文本细读的理论和技术就是新批评学派提出来的。韦勒克与沃伦合著的《文学理论》，他研读了很多遍，他认为这是当今世上最经典的文学理论教材。

阅读最重要的是达到融会贯通。就像季羡林先生对年轻人讲的，"你们做学问，要达到三个贯通：第一个是中西贯通，第二个是古今贯通，第三个是文理贯通。你做到了这三个贯通，那么你的文化底蕴就像金字塔的底座那样变得宽厚、坚实"。而真正做到这一点，在王崧舟看来，实在是一辈子的功课。

"《红楼梦》是对我一生影响最大的书"

王崧舟这个人有味道。

见过王崧舟的人，都会感觉到他身上那种不凡的文人气。而和王崧舟相处的时间长了，如王崧舟工作室的学生，拱宸桥小学的教师，不知不觉也会渐渐"我知言，我善养吾浩然之气"。

"小时候，就精神生活来说，可以满足的形式比较少，不像现在，电影、电视、网络应有尽有。"王崧舟说，读书之于他就是一种天性，一直在满足着他的精神渴求，跟吃饭、睡觉、喝茶差不多，一天不读书就会很难受。而他那一代的儿童接触最多的是连环画，他跟许多同龄人一样，从小就对连环画着迷，几乎到了疯狂的程度。

小时候，只要母亲给王崧舟一点儿零用钱，让他去买一支棒冰或一截甘蔗，他就把钱省下来，跑到新华书店买连环画。他记得，那时的连环画，如天津美术出版社出版的《聊斋志异》，质量非常好，但不是一套同时出版的，而是一本一本地推出。他按捺不住内心的焦急，每天都要跑到新华书店看下一本推出来没有。"我现在特别留恋那种等书读，很想把那套书一次性买齐的感觉。"

"有时候想起来，我这么爱读书可能跟我的父亲有关系。"王崧舟表示，他的父亲曾是个漆匠。父亲对手艺的要求比较高，比如，做一张雕花大床，四周有一块一块的画板，那都是他一笔一笔画上去的，山水、花鸟、人物……什么都有，一般都是画吉祥的东西，而且都是用油画的颜料徒手画的。儿时的他经常看父亲极其认真地画画，心里特别钦羡。

师范毕业后，王崧舟选择到杭州任教，其实也是受父亲潜移默化的影响。"父亲画过西湖十景，我从小就知道三潭印月、平湖秋月、苏堤春晓、雷峰夕照、南屏晚钟，觉得很美、很熟、很亲切，特别向往长大后能到这样的地方生活。"

除了连环画，王崧舟也看了不少中国古典文学名著，如《荡寇志》《薛仁贵征东》《儿女英雄传》等，都是在小学时看的。但是，对他人生影响最大、给他打精神底子的书，则是曹雪芹的《红楼梦》。"初中三年，我基本上是读着《红楼梦》成长的。也许在那时，大观园的诗意生活已经在我的心田埋下了种子，并成为我日后教育教学追求的目标。"

王崧舟甚至觉得，诗意语文的根就在《红楼梦》这本书里。"《红楼梦》对我的影响主要是精神层面的，比如说，诗意的审美取向、精致的生活方式、典雅的贵族气质，我很喜欢那种很有文化味道的生活，吃蟹、赏花、写诗、行酒令，等等。"

因为喜欢，王崧舟刻意摘抄了《红楼梦》中的诗词、歌赋、骈文，抄完以后反复看，写文章时经常引用，"硬塞也要塞进去"。读师范的时候，他开始收集红学方面的书，格外注重版本，《脂砚斋重评石头记》的甲戌本、庚辰本、戚序本都收入囊中，其他的像冯其庸、王蒙的点评本，张爱玲的《红楼梦魇》、刘心武的《刘心武揭秘〈红楼梦〉》，凡是能买到的他都买了，"就像燕子筑巢那样，一点点地衔来，慢慢地，就变成了一个巢"。现在这些书还在他的家里珍藏着，占了整整一个书柜。

"童年的阅读是在塑造一个人的精神世界。遗憾的是，现实社会很浮躁，一个人的自身价值更多地是由别人来认定的，也就是'我重不重要'的评判权掌握在别人手中。于是，我们不断地往外求，心灵变得四分五裂，对自己内心的需求关注得越来越少。实际上，阅读是唯一能让人找回自我、感知自我存在的方式。一字一世界，一书一天堂，无意证菩提，随性见慧光。"说这些时，王崧舟的表情非常诚恳。

"读书是一种精神修行的方式"

有人说，读书最关键的功能并非求知，而是自我修行。

这个观点与王崧舟对阅读的看法如出一辙。一位教师曾经问他：现在语文教师最缺的是什么？他的回答是：最缺的是底蕴、学养。

提高自身文化底蕴的途径，在王崧舟看来，就是读书。"我的一个基本看法是，底蕴是靠书堆起来的。书读得多，不一定底蕴就深厚。但是，不读书、读书少，是一定没有底蕴的。语文课，很大程度上教的不是知识、不是技能，甚至不是课程，而是底蕴。一位有文化底蕴的教师能向学生输出正向的价值，让学生感悟到语文的魅力。"

"博学之、审问之、慎思之、明辨之、笃行之。学问思辨，最终要落实到行上，行才是学问思辨最终的目的，如今的教师最需要读书的行动。"王崧舟曾剖析过《西游记》里孙悟空的名号，以此来证明"行"的重要性。当石猴占了花果山，进了水帘洞后，被群猴拥为"美猴王"。为了寻求长生不老之术，石猴漂洋过海，到了西牛贺洲，拜须菩提为师，被赐予法号"悟空"。学道归来，上了天宫，被玉皇大帝封为"弼马温"。结果，石猴觉得自己被人瞧不起，一气之下回到花果山，自封"齐天大圣"。后来，他大闹天宫，被如来降服，后又被唐僧救出，师父给他起了"行者"的法号。从此，他随唐僧一路西行，历经九九八十一难，终成正果，被封为"斗战胜佛"。"美猴王、弼马温暗示了修行的起点，齐天大圣、斗战胜佛象征着修行的终点，而修行的方式和路径，就是我们说得最多的那个名号，即悟空与行者。要成就自己，一是悟，二是行。而真正的修行一定是'悟''行'不二的。"王崧舟总结道。

在王崧舟看来，对教师而言，所谓"悟"，就是多读书、多思考；所谓"行"，就是沉到课堂里，沉到班级里，沉到学生中去。现实中，许多年轻教师很有思想，在网络上非常活跃，讲话天马行空。但是，一进入课堂，一面对学生，他就害怕了，关键还是因为缺少实践与修为。事实上，真正有意义的学习是改变行为方式的学习。而深入课堂，无疑会让教师拥有一双慧眼，发现自己的不足之处。

有一段时间，小语界掀起了语文工具性和人文性关系问题的讨论。王崧舟的看法是，对语文研究到一定程度，自然会明白真正的教学行动一定是混沌的、整体的，是裹挟着所有工具性和人文性的细节向前流淌的。

2004年，王崧舟应邀在上海浦东上《一夜的工作》公开课。课上，他没有用传统的方式教课文，而是试图营造一种氛围，让学生进入情境中，去感悟文中的"那是一间高大的宫殿式的房子"这句话，从这座宫殿式房子的历届主人，从房子里曾经的奢华装饰讲起。上完课，台上台下一片哭声，"我也是哭着走下讲台的。那一幕，怕是终生难忘。那一课，让我明白了诗意语文、诗意课堂、诗意人生的奥秘。人课合一、高峰体验、全然进入、融为一体，语文从此成为我精神生命的图腾。"王崧舟的记忆瞬间被点燃，他变得深情而忘我。

丰厚底蕴的关键在行动，读书是行，上课是行，而行动的品质取决于细节。王崧舟表示，细节的背后是一种完美主义思想。当然，世上不可能有真正的完美，但应该有追求完美的心态，并将其作为一种职业态度、生活习惯。一个细节会影响一个事件的质量和品位。对教师而言，在很多情况下，既不是缺乏行动的能力，也不是缺乏思想和知识，而是缺乏让行动精细化的能力。事实上，教师教语文、教学生，教的就是人文底蕴。

在王崧舟看来，同样是上课，缺乏生命修养的教师，为上课而上课，教师的心只是在等待。具有生命学问和生命修养的教师，上课的同时又在享受上课，全然进入了课堂中的每一个当下，和学生情情相融、心心相印，彻底打开了自己与学生的生命，从中体认到人生的幸福和意义，也实现了诗意地栖居在语文的大地上。

而这种对于底蕴与修养的追求，使得王崧舟一直坚守在小学语文的课堂上。

有趣的是，王崧舟"矢志不为官只为学，一心教其书写其文"的志趣，又像极了他的同乡夏丏尊。有文记载，夏丏尊原名勉旃。当年，夏丏尊的声望很高，极有可能被选为县议员或省议员。由于不想让功名误学业，他故意把"勉旃"改为读音相近的"丏尊"，好使民众在选举票上把"丏"字误写成"乞丐"的"丐"字，开票时便可作为废票不予承认。于是，后人记住的便是那个总穿一件夏布长衫的夏丏尊先生。

因为酷爱阅读，热爱讲台，小语界永远记住了这个心平气和、极具风度的王崧舟。

 且读且悟

1. 每本书都是一个生命，充满智慧和灵性，你不去跟它打照面，它便静静地躺在你的书柜里。你拿起书来，它就是活的，就会和你对话。

2. 我是相信转世的，读书就是在不断地转世。读《红楼梦》时，你就转世了，转到大观园去了，转到宝玉和黛玉那一世去了。读《不能承受的生命之轻》，你就转世到外国去了，转到布拉格去了，转到托马斯和特丽莎那一世去了。还有什么比转世这种体验更独特的呢？

3. 语文课，很大程度上教的不是知识、不是技能，甚至不是课程，而是底蕴。一位有文化底蕴的教师能向学生输出正向的价值，让学生感悟到语文的魅力。

 读书解惑

"读书的奥秘，全在'呼吸'二字"

记者：我觉得，诗意语文非常接近语文的本质。请问这种理想化的诉求在现实中是否遭遇到应试的阻碍，诗意语文又是如何与应试教育调和的？

王崧舟：有阻碍是必然的，但调和是大可不必的。你的问题背后，隐隐约约透露着对诗意语文的某种担忧和疑虑。担忧什么？担忧诗意语文对小学语文基础性的忽略。疑虑什么？疑虑诗意语文对小学语文工具性的颠覆。我很清楚，这种担忧和疑虑更多地来自广大一线语文教师。正如你所说的这样，应试毕竟是我们要共同面对的问题。如果应试通不过，那么再诗意也没用。而问题恰恰在于，诗意对眼下的应试确乎是无用的。

我觉得，问题不在应试本身，也不在基础本身。毋庸置疑，小学语文教学是基础的基础。语文不仅是学习其他各门学科的基础，也是学习一切文化的基础；语文不仅是知识和技能学习的基础，也是一个人精神生命成长的基础。

那么，问题究竟出在哪里呢？回顾一下历史，我们不难发现，语文学科的基础地位在小学语文界其实从未被摇撼过，课时最多、作业最多、考试最多的学科非语文莫属。但是，学生真的打好基础了吗？吕叔湘先生在 40 多年前批评的语文教学"少、慢、差、费"问题真的得到根本解决了吗？一直在高谈基础，却一直无法夯实基础，这就是整个语文教学历史必须面对的一种悖论和尴尬。

我认为，问题在于，我们究竟需要怎样的应试、怎样的基础。直至今天，一说到基础，人们就会下意识地将其与传统的"双基"画等号。且不说"双基"这一提法是否需要课程价值观的重新审视和批判，单就课改背景下的基础而言，岂是传统意义上的"双基"所能涵盖得了的？至少，基础的言语方法、基础的言语习惯、基础的言语情感和态度、基础的人文素养，都应进入现代语文课程语境下的基础这一范畴。从某种意义上讲，学生对母语的热爱和敏感远比所谓的"双基"要基础得多，其他诸如言语动力、言语意识、言语智慧等，这些具有根性意义上的语文素养，才是我们教师更应该致力于达成的课程目标。

王乾坤先生在《文学的承诺》一书中开宗明义："文学是无用的。"这是我十分喜欢的一句话。这应该是文学安身立命的一个起点，文学的尊严就建立在这个起点上。

我想，诗意语文也可能是无用的，至少对目前的应试、目前的评价体制、目前日趋功利的教育教学是无用的。但我坚信——无用之用，才是大用！

记者："读书—精神底子—学养—课堂教学"，相对来说，这是一个完整的教师专业成长过程。请问支持这一良性循环的关键是什么？现实中教师最容易停滞在哪个环节？教师如何在阅读上实现质的提升？

王崧舟：这个过程可以进一步简化为"读书—底蕴—教学"这样三个环节。因为读书，我们丰厚了底蕴；因为有底蕴，我们的教学充满了活力和灵性；因为教学，我们更加体认到读书的意义。于是，这个循环就自觉进入良性运转状态。但这只是对一个理想状态的预期，现实中却往往并非如此美妙，甚至常有困顿，不知所措。关键在哪里呢？我认为，关键在两个转化上。

第一个转化是从读书到底蕴的转化，这是一个积淀的过程。因为，并非你读书了、读书多了、读书久了，你就一定有底蕴。读书是一码事，有底蕴是另一码事。有人终其一生读书，也不过是一个"两脚书橱"。不能转化为底蕴的读书，等于白读，在我看来还不如不读。这个转化很重要。如何转化呢？我想到了宋代大儒陆九渊的一首诗："读书切戒在慌忙，涵泳工夫兴味长。未晓不妨权放过，切身须要急思量。"书是水，读书就是在水里涵泳。只有全身心地沉入其中，切己体察，熟读精思，才会有收获、积淀，才能转化为生命的底蕴。

第二个转化是从底蕴到教学的转化，这是一个创生的过程。底蕴不一定都要转化为你的教学，但是，没有底蕴支撑的教学往往是浅薄的、寡味的。底蕴转化为教学，存在四种境界：一是浅入深出，二是浅入浅出，三是深入深出，四是深入浅出。底蕴很浅，教学却要玩高深，这就是浅入深出，最要不得。底蕴很浅，教学也稀松平庸，这就是浅入浅出，老实是老实，但功夫显然不到家，也要不得。底蕴厚实，教学却流于艰涩，总想把自己的所得一股脑儿塞给学生，这就是深入深出，用心可嘉，但往往效果不佳。最理想的，自然是深入浅出，最深厚的底蕴用最浅近的方式传递给学生，道而弗牵、强而弗抑、开而弗达，我们所要的就是这样的转化。

这样一来，三个环节就可以进一步简化为两个转化：从读书到底蕴的转化，我们称之为"积淀"；从底蕴到教学的转化，我们称之为"创生"。积淀储存生命能量，创生释放生命能量。积淀是"吸"，创生是"呼"，在一呼一吸之间，你就提升了读书的品质、更新了生命的能量，也因此成就了专业的精彩和卓越。读书的奥秘，全在"呼吸"二字。

记者：您对佛学或宗教很有研究，也有着自己的看法，请问这类书籍对您最大的影响是什么？做教育是否需要类似于宗教的人文关怀？

王崧舟：人可以不信宗教，但人不可以没有宗教的情怀。搞教育的尤其需要一种宗教的情怀，所以我提出"教育当以慈悲为怀"。有人以为我信佛，所以才有这样的教育理念。其实，这跟我信不信佛没有必然的联系。慈悲为怀，就是教育者的一种宗教情怀。

我讲慈悲，不是俗世所理解的可怜人、同情人。实际上当你去可怜人、同情人的时候，已经不是慈悲了。因为，那就意味着你是高人一等的，他是低人一等的，所以需要你去怜悯他、同情他。你高人一等，你有力量，他低人一等，他没有力量。你有力量，你把你的力量施舍于他，你会有一种救世主的感觉。但是，这已经背离了慈悲的真谛。真正的慈悲，是一种自他平等，你有力量，他同样有力量，人人都有力量。所谓慈悲，就是通过你去唤醒和发现他本身的力量。让他觉悟到，只有你自己的力量振奋了、提升了，你才有可能获得最终的自由和幸福。这才是慈悲。

我们的教育也是一样的，你为一个后进生补课，仿佛你在拯救他：这个你不懂，我教你；那个你不懂，我教你。这样的教，不是慈悲，而是坑害。因为这样的教可能会使他永远丧失自我学习的能力，使他永远看不到自己是有力量的。他会永远依赖你，离开教师的帮助就不行了。所以，这样的学生永远活在自卑中，永远看不到自己内在的力量。所谓慈悲，就是一个教师要有这样的信念：每个学生都是有力量的，每个学生都是有光的。教师不仅要让学生看到自身的力量，获得成长的喜悦，同时，要深深感谢这个学生，因为正是他唤醒了你内心的慈悲，正是他成就了你精神的成长和净化。这才是真慈悲，我把这样的慈悲称为"觉悟之爱"。

以慈悲的情怀教育儿童，正是让儿童成为他自己，这不是一种简单的复归，而是永恒的成长。

推荐好书

《语文：表现与存在》，潘新和著，福建人民出版社2017年版。

推荐理由：2006年这部书进入我的阅读视野，继而深入到我的语文世界，成为引领诗意语文不断攀升的最重要的理论源泉。"言语生命"是该书的灵魂，"表现本位"是该书首创的语文教育范式，而"诗意安居"则是该书推崇的语文化境。这部精心结撰的鸿篇巨制，在我国现代语文教育史上具有里程碑的意义，我视之为诗意语文的"圣经"。

《诗论》，朱光潜著，华东师范大学出版社2018年版。

推荐理由：在朱光潜的所有著作中，他自认最用功写作、最珍爱的一部作品便是《诗论》，有人誉其为"中国现代诗学的第一块里程碑"。2005年，我第一次细读《诗论》，便大有相见恨晚、爱不释手的感觉。《诗论》将"诗"的精微与奥妙和盘托出，如果说"诗"是用语言烧制的"精致的瓮"，那么《诗论》本身就是中国诗学史上又一种"精致的瓮"。

《致青年教师》，吴非著，中国人民大学出版社2015年版。

推荐理由：2010年，当这本书的首印上市后，我便推荐全校教师共同精读。书名虽冠以"致青年教师"，但适合所有教师阅读。这些年，所谓的教育奇迹频现迭出，闹哄哄你方唱罢我登场，这在很大程度上满足了人们对教育的快餐化需求。相反，大家对教育常识却置若罔闻。该书所谈，常识而已，读后却给人"心事浩茫连广宇，于无声处听惊雷"的震撼。

《活法》，[日]稻盛和夫著，曹岫云译，东方出版社2012年版。

推荐理由：这是2012年我推荐全校教师共同精读的一本书。在这

个物欲横流、浮躁迷茫的时代，人人都需要安身立命的哲学。作为当今唯一健在的日本"经营之圣"，稻盛先生以切己的生命体验和终极思考，令人信服地回答了人生的究竟之问——为什么活着和如何活着。在层出不穷的励志类书籍中，唯有本书带给我一种大道至简、与日用相协的入世智慧。

《西藏生死书》，索甲仁波切著，郑振煌译，浙江大学出版社2018年版。

推荐理由："生存还是死亡，这是个问题。"事实上，哈姆雷特之问不仅属于他自己，也属于在世的每个人。该书在藏传佛法和现代科学之间，提供了一个观照死亡并超越死亡的交汇点。我自十几年前接触该书（初版）以来，每年必读一遍，它在我心中开启了一场静水深流般的转变。死亡的恐惧逐渐被一种庄严的实相所照亮，让我活在了生命的神秘和光明之中。

闫学
阅读是生命中最重要的遇见

　　小学语文特级教师，现任杭州市未来科技城海曙小学校长。入选《中国教育报》2006年度"推动读书十大人物"。著有《教育阅读的爱与怕》《跟苏霍姆林斯基学当老师》《跟苏霍姆林斯基学当班主任》《给教师的阅读建议》《绘本课程这样做》等。

闫 学

因为阅读，年仅 32 岁便被评为山东省特级教师。

她爱读书、善思考、勤写作，梳理出教育阅读之法，成为教师专业成长的代表。

熟读苏霍姆林斯基，解读中小学语文教材，提出多项阅读主张，她也因此成为业界知名的专家型语文教研员。

闫学：阅读是生命中最重要的遇见

"又值岁末，盘点即将过去的 2006 年，一些场景、一些面孔、一些瞬间，串起了生命中一段依旧平凡却值得珍惜的岁月。而那些温暖的记忆，竟或多或少都与书有关……"

从山东章丘到浙江杭州，从小学教师到区教研员，从一个易紧张爱害羞的小姑娘到一位从容自信、侃侃而谈的教育专家，回首自己的专业成长，闫学将功劳归于阅读。闲暇时间，她爱躲在自己的书房里，看上一天的书；给孩子们上课，总不忘推荐好看的童书；外出讲学，她与老师们谈得最多的是阅读；与徒弟们研讨聚会，话题往往还是离不开阅读。

因为阅读，她对小学语文的含义有了新的理解；因为阅读，她对教研员的角色有了新的认识；因为阅读，她引领着越来越多的教师走上了专业发展之路。

教师该读什么书，该如何读书，闫学本身就是一面镜子。

"我就是一个不停奔跑的孩子"

总结自己的成长经历，闫学说，其实并没有什么捷径，无非就是阅读。

或许因为名字中有一个"学"字，闫学从小爱学习，渐渐嗜书如命。一分钱一颗的糖果和五分钱一支的雪糕她不买，钱被她省下来，换成了一毛钱一本的小人书，最多的时候积攒了近300本。上高中时，她爱上了邓友梅的《那五》、梁晓声的《今夜有暴风雪》，以及何士光的《草青青》。她甚至省下一个月的伙食费，在小县城唯一的新华书店里，偷偷买了一套《红楼梦》。虽然临近高考，但下了晚自习后，她总在床头点起蜡烛偷偷地看，哭得鼻涕一把眼泪一把。

"我曾经是个文学青年，王安忆、铁凝、陈丹燕等女作家轮番成为我的偶像，直到现在，我对文学的热爱仍有增无减。"在山东章丘实验小学教书的那段日子里，为了备好一堂课，闫学常常要阅读大量的书籍和资料。尽管兼任班主任、教务主任和少先队辅导员，尽管她执教的班里有82个孩子，白天忙得一塌糊涂，但晚上在女儿睡着之后，她常常抛开倦意，潜心读书，一读就到深夜一两点。但那时的阅读还是不自觉的，更多的是出于兴趣和教学的需要。闫学坦言，她曾在阅读美国课程论专家小威廉·E．多尔的《后现代课程观》时，几乎不知作者所云。渐渐地，她意识到，原因还是在于自己教育理论基础不扎实、知识结构不完善。于是，她决定加大阅读的难度，开始有坡度的阅读，刻意研读相关教育理论书籍。

相对来说，闫学读得最多、最爱读的还是苏霍姆林斯基的书，因为他"几乎谈到了中国教师可能遇到的所有问题，而且谈得很透，对年轻教师来说极有帮助"。苏霍姆林斯基的著作，她前前后后读了不下五遍，他的许多教育理念都对她产生了深刻影响。对苏霍姆林斯基的著作的阅读，让闫学能够站在高点，从人的角度思考教育问题，而不是单纯地过多地使用教育技巧。语文在她眼里变成了开放的、柔软的、充满趣味的东西。但她也承认，阅读苏霍姆林斯基的著作之初，她感觉不够游刃有余，原因在于她的知识结构没有打通，于是她找来人文书籍，以丰富底色，开阔视野，此时，茨威格、章诒和、齐邦媛等人的书相继进入她的视野。她还专门找来哲学类书籍阅读。渐渐地，那个在第一次上公开课时讲了20分钟后就没内容可讲、腿肚子直哆嗦的小姑娘，在几百人、几千人面前也能侃侃而谈，她从容自若，底气越来越足，甚至享受其中。

2002 年，闫学参加了山东省特级教师的评选，成为当时山东省最年轻的特级教师。那一年，她 32 岁，距离她初登讲台只有 11 年。

2006 年，闫学来到杭州，成为拱墅区教育局教研室的一名教研员。"江浙一带的教师研究学习的热情很高，特别爱提问，没有广博的知识、开阔的学科视野，是无法胜任教研员这份工作的。"那些年，她花了大量时间重读教育经典，如《大教学论》《帕夫雷什中学》《教育漫话》《民主主义与教育》等，并写下大量的读书笔记。

"我是一个奔跑的孩子，奔跑是一生的最爱，也是唯一的目标。每一次停泊，意味着另一次起航；每一丝眷恋，遗落在奔跑的路上，"闫学说，她不敢自称优秀教师，"但我就是这样做的。我的成长史就是完善知识结构的阅读史，就是笔耕不辍的写作史，就是课堂实践的磨炼史，就是持续反思的研究史。"

"阅读让教师呈现不一样的课堂"

经常有人问闫学：读书到底能给一位教师带来什么？

在闫学看来，她之所以能走到今天，一个很重要的经验便是找到了一条不同于其他教师的成长之路：除了教书，还花费了大量的精力读书和写书。

阅读，能帮助教师至少在精神上实现突围。一个爱阅读的教师，生命将变得敞亮、豁达而生动。在教师的职业生涯中，除了必要的实践与经验，只有阅读能让自己变得富有智慧、充满活力、幸福涌动。爱阅读的教师会对学生的精神层面产生重要的影响。就像苏霍姆林斯基那样，不但自己是一个读书人，他所领导的帕夫雷什中学的所有教师也都是读书人。而这个由读书人组成的教师集体无疑会潜移默化地影响着学生，把他们带进书中一个个神秘而迷人的世界。

阅读，能让教师呈现不一样的课堂、不一样的教育。2010 年春天，闫学在教学上开始了越来越多的尝试。她带领一群小学六年级学生欣赏泰戈尔、冰心和余光中的同题散文诗《纸船》。通过三首同题诗的比较鉴赏，让学生看到真正优秀的诗歌是怎样表现意境的，以及真正优秀的诗歌在艺术上可以达到怎样的高度。在讲授六年级作文课《我的理想》时，她借助泰戈尔的诗歌、三毛的散文，向学生展开了一幅美好的人生画卷，一个老套的题目经过她的讲述顿生趣味，课堂也变得格外精彩。讲《我的伯父鲁迅先生》一课时，她通过郁达夫、萧红、林贤治、钱理群描写鲁迅的文字，呈现出一个立体可感、有血有肉的鲁迅形象，引起了学生强烈的共鸣。

没有大量的阅读，讲课的方法就可能比较笨拙，效果也不会好。说到底，阅读与教学是一种因果关系。有人说，江浙一带的教师讲课比较精彩。闫学认为，这与江浙一带的教师有阅读的传统、教师读书相对较多有关。读书多了，课堂会呈现多种面貌，而非单一的、概念化的课堂。"虽然我是学中文的，但也不能保证什么东西都是精确的，不可能张口就来。为了上好课，我平日里不得不查阅大量的资料，阅读大量的书籍，从前如此，现在依然如此。"

2010 年 4 月，文本细读成为语文界热议的焦点话题。一位教师曾向闫学请教：文本细读和文本解读有什么区别？这个问题促使她阅读了大量西方美学、文艺学的书籍。当她把列维－斯特劳斯的结构主义、雅克·德里达的解构主义、艾略特的新批评、起源于俄罗斯的陌生化理论等书籍通读一遍后，她不仅能娓娓道来各种理论的内涵与优缺点，作出"文本细读是文本解读的一种方法"的论断，还能将之恰当地运用到日常教学中，将自己对文本的解读转化成相应的教学方案，服务于一线教师的教学。

"教师必须不断提高阅读质量"

经常有人问闫学：你读书的时间从哪里来？

闫学的回答是：当读书成为一种生活方式时，就不愁没有阅读的时间。阅读，应像呼吸一样自然。

从小学教师到教研员，闫学的读书生活一直没有停止。在闫学看来，只有借助阅读，一个教师才能真正站稳讲台。"不读书的教师生涯，是一种无休止的重复和受难。要想避免这种痛苦和虚空，只有让自己更坚决、更深入地沉入阅读之中。一个教师在教育这条路上究竟能走多远，很大程度上取决于他对读书的态度。"

但仅仅有愉快、幸福的阅读体验还远远不够，无明确的阅读规划，是一种低价值的重复，是在浪费时间。与其他职业不同，教师必须不断提高阅读质量。高品位的阅读不仅能完善教师的知识结构，还能为其打开宏大的视野。

外出讲学时，闫学发现，许多教师只对课堂的教学效果或某些细节感兴趣，只对教师在课堂上的表现感兴趣，对如何锤炼内功、丰厚底蕴、完善自己的知识体系等反而提不起兴趣。也有一些青年教师对某一节课反复试教，从环节设计到语言渲染力求完美，却不愿意阅读一本坡度稍大的书。"爱课堂，爱孩子，爱教育，是一种起码的教育情怀，但对于一个渴望在教育这条路上走得更远的教师来说，只有爱是不够的。"

2008 年 1 月，闫学在她的专著《教育阅读的爱与怕》中提出"有坡度的阅读""阅读重在完善知识结构"等概念，直指教师阅读的软肋与痛处。

由于工作的关系，闫学经常向教师推荐图书，诊断教师的课堂教学，因此不得不加大阅读的深度与广度。多年下来，她的读书笔记达到近百万字，其中仅有关苏霍姆林斯基的摘录与心得就超过 10 万字。在阅读中，她反思中国教育和自身教学，并试图从这些依然鲜活的文字里寻求更多的解决之道。这种指向明确的阅读让她渐渐拥有一双慧眼，发现当下教育界普遍存在的不科学的教育行为。

例如，在听课、评课时，闫学发现一些教师在孩子中午吃饭时，不让孩子好好吃饭，而是开展什么吃饭比赛；有时还在黑板上讲题，并要求孩子认真听讲。她发现，通过机械练习、扩大阅读和艺术学习都能提高孩子的语文成绩，但机械练习的学生到了高年级会与后两个学生群体呈现明显的差异。她不赞同英国哲学家约翰·洛克的某些教育观点，如惩罚孩子不看错误有多大，而是看孩子反抗的力度。

一个人不能同时画两幅画，再伟大的教育家也有局限的地方。在闫学看来，作为教师，不要轻易相信、膜拜某一个人。事实上，对苏霍姆林斯基的某些观点，她也并非完全认同。教育阅读，更多的要基于对教育现实的观察与思考，弥补短板，使自己变得丰厚、柔软，使课堂变得明亮、多彩，使孩子在知识与美德的浸润下快乐成长。

来到杭州的十几年里，闫学搬了好几次家，零零碎碎的东西扔了不少。许多物品不适合新的环境，不得不忍痛割爱。夜阑人静之际，她发现唯有满屋的书籍一直追随着自己，无声地立在书架上。

关于生命，关于未来，有太多的不确定，但对于闫学，可以肯定的是，不管到了哪里，不管在什么地方，总会有书伴随她，一如她那个颇有意味的名字。

 且读且悟

1. 我的成长史就是完善知识结构的阅读史，就是笔耕不辍的写作史，就是课堂实践的磨炼史，就是持续反思的研究史。

2. 当读书成为一种生活方式时，就不愁没有阅读的时间。阅读，应像呼吸一样自然。

3. 不读书的教师生涯，是一种无休止的重复和受难。要想避免这种痛苦和虚空，只有让自己更坚决、更深入地沉入阅读之中。

4. 一位教师在教育这条路上究竟能走多远，很大程度上取决于他对读书的态度。

5. 教育阅读，更多的要基于对教育现实的观察与思考，弥补短板，使自己变得丰厚、柔软，使课堂变得明亮、多彩。

 读书解惑

"阅读与教学有着因果关系"

记者：您为教师探索了一条专业成长之路，也指出了当前教师阅读存在的一些问题。那么，您在阅读上是否走过弯路？有没有比较深刻的记忆或感悟？

闫学：在阅读上我走过的最大弯路，就是曾有一段时间不知道该读什么，找不到自己的阅读方向。当我还是一个新教师时，我的阅读基本局限在语文教学与文学作品的范畴中。这样一来，当我试图对自己的教育教学提出更高的要求时，往往力不从心、捉襟见肘，那种挫败感是十分痛苦的。于是，我开始着力去弥补。我的教育阅读是从阅读苏霍姆林斯基的著作开始的，后来又阅读洛克、杜威和夸美纽斯等名家的著作。在大量阅读教育理论经典的同时，我发现但凡有名的大学者无不具有完善的知识结构，在教育教学实践中遭遇的挑战也促使我认识到，只读学科教学与教育理论书籍是不够的，于是我开始阅读大量的人文书籍。那是一片无边无际的海洋，好书似乎永远都读不完。我常常急迫地读着，总觉得时不我待。在这种囫囵吞枣的阅读中，我的功底确实变得深厚。

记者：现在很多教师不爱读书。您认为当前语文教师在阅读上最

欠缺和最需弥补的是热情，是方法，还是其他什么？

闫学：当前教师阅读中最大的问题，是不能持之以恒，过于急功近利。这当然与目前整个教育的大环境有密切关系。其实，是否选择阅读，取决于我们选择的是一种怎样的生活。广泛的大量的阅读会让教师明白，教育不是生活的全部。目前，教师群体中一个很大的问题不是对教育的专注和忠诚不够，而是过于专注和忠诚。如果一个教师的生活中除了教育再没有其他东西的容身之地，那么这样的生活无异于日复一日、永无尽头的重复与封闭，是一种受难。教师如何放飞心灵？阅读虽然不是唯一的方式，但是一个重要的渠道。

记者：爱读书的教师有很多，但能上升到知性阅读的教师却有限。而这似乎是教育阅读最难迈过的一道坎儿。如何在阅读上实现质的提升，您对一线教师有哪些建议？

闫学：一是要把完善知识结构作为阅读的主要目标。教师的阅读应是以不断完善自己的知识结构为目标的，指向的是丰富、润泽、提升教师的生命质量。一个真正优秀的教师应有完善的知识结构、精深的专业知识、深厚的理论基础和开阔的人文视野。要成为一名真正优秀的教师，这三个板块的知识缺一不可。因为教育教学不是孤立绝缘的，教师的知识结构也不能是孤立绝缘的，教师必须具有开阔的、丰富的、彼此融通的知识背景。说到底，知识的宽度将最终决定教师生涯所能达到的高度。二是要将有限的时间花在经典阅读上。只有经典才值得花费时间去阅读。三是要坚持有坡度的阅读。选择的书目必须对自己具有挑战性。因为教师的阅读指向的是知识结构的完善，这种阅读不可能是一种享受，或者主要不是享受，更多的是一种提升、丰厚和转变，而不会像一般的读者那样只把阅读当成一种简单的乐趣。四是要关注学生的阅读热点。知道学生在读什么，就能比较容易地走进学生的心灵与生活世界，就能比较容易地与学生打成一片，从而能比较容易地对学生进行教育。

记者：您强调研究教材、研究课文是语文教师的基本功，您觉得在解读文本方面，教师应从哪里入手？还有哪些地方做得不够？最需要注意什么？

闫学：由于知识结构的不完善和阅读视野的狭窄，不少教师对各种文本理论缺乏系统的学习，因此不具备基本的文本解读能力，以至于把教参当成唯一的备课资源。这样的教学无疑是封闭的，无法与学生形成高质量的教学对话，所谓语文素养的提升就成了一句空话。有的教师解读文本只是单纯地从经验出发，没有学会基本的文本解读方法，在解读文本时往往束手无策。另外，有的教师虽然具备一定的文本解读能力，但不能将文本解读的成果转化为课堂教学资源，文本解读与课堂教学是脱节的。《小学语文文本解读》一书的写作正是基于这样的背景。因此，我认为目前语文教师最迫切的是系统学习一些经典的文本理论，同时借鉴国内历代有价值的文艺批评成果。但必须指出的是，这些理论非常复杂，彼此交织，可能需要教师花费相当长的时间和比较多的精力，才能有一些基本的了解。同时，教师还要注意与自己的教学实践紧密结合起来。

 推荐好书

《瓦尔登湖》，[美]亨利·梭罗著，田伟华译，中国三峡出版社2010 年版。

推荐理由：这是一本充满智慧与宁静的书。这里有富有哲思与恬淡的心灵，有清新、澄澈的自然之源。四季的更替、景致的变换、素朴的自给自足的生活方式，构成了现代都市人心中无限向往的理想之国。它促使我们反思自己的来处与去处，以便在浮躁的世界中找寻心灵的宁静。

《新月集·飞鸟集》，[印]泰戈尔著，郑振铎译，浙江工商大学出版社 2018 年版。

推荐理由：这是一本可以读一辈子的诗集。一遍又一遍地吟诵那些美丽的诗句，在那些诗句里微笑、默然、快乐、感伤。那一束捧在手里的茉莉，洁白、芬芳，带着清晨的露珠，恰如童年美好的岁月，恰如每一次读《泰戈尔诗集》的感觉。

《先知·沙与沫》，[黎]纪伯伦著，钱满素译，北京十月文艺出版社 2013 年版。

推荐理由：这是一本让你忍不住凝神静听的书。你听见的那些声音就是自己的声音，你听见的那些话好像是专门说给你听的，你听见诗人在喊着你的名字。他穿着长长的白袍，像一团雾飘向你。你知道他会接住你。那些骄傲的抑或卑微的心，都浸满了温暖与幸福的泪。

钟志农
从50岁开始做个读书人

浙江省首位中小学心理健康教育特级教师，浙江省优秀教师，浙江省首届"十佳家长"，全国中小学心理健康教育首届"十佳专家"，中小学心理健康教育国培专家。出版专著和主编教材24部，教学光盘5套（计46张）。

钟
志
农

钟
志
农

他从 50 岁开始系统读书，用 10 年时间完成了心理学知识的建构。

阅读让他在 58 岁时成为浙江省首位中小学心理健康教育特级教师，而当年获此殊荣的教师全国仅有两位。

将读书与一线教学相结合，将读书与生涯规划相结合，他的阅读史就是一部清晰的专业成长史。

钟志农：从 50 岁开始做个读书人

走进钟志农的家，随处可见大大小小的书柜。

仔细观看，会发现他收藏最多的是心理学类书籍，几乎占了一间屋子。钟志农说，他从 50 岁开始，决定将心理学作为未来的研究方向。读书之于他，与其说是修身养性，不如说是为了职业发展，因为他"早已不再年轻，没有可以挥霍的时间"。

在 20 世纪 60-70 年代，钟志农几乎没有书读。参加工作后，他被繁杂的教学和行政事务所束缚。等到 50 岁成为一名教研员时，他终于有充裕的时间从容地享受一本本书。8 年后，他成为浙江省首位中小学心理健康教育特级教师，心理学领域的重要图书陆续走进他的书房。

看着分门别类被摆得整整齐齐的图书，钟志农说，那是他一生最珍爱的财富。

"我们那一代人最缺的就是书"

钟志农是地道的杭州人，也许是受家庭的影响，他从小就爱读书。他的爷爷是晚清秀才，父辈中有四位出国留学，两位在英国剑桥大学，一位在日本东京帝国大学，另一位在美国范德比尔特大学，这所大学是宋庆龄父亲的母校。父辈们都极其爱看书，他们手捧一本书津津有味阅读的样子，深深地印在他的脑海里。

童年时代，钟志农看得最多的是连环画。钟志农回忆，小时候他常去杭州官巷口的新华书店，那是杭州最有名的书店，家里给的零用钱几乎都用在买书上了。如今，他依然是那里的常客，每周都要到店里转转，既是为了了解新书，也是为了淘书。

在小学阶段，钟志农属于成绩不好不坏的中等生，彼时的志趣是当一名画家。一个偶然的机会，语文老师读了他的作文，老师的鼓励在他心里埋下了阅读与写作的种子，那以后，他经常到学校图书馆借来一大批小说看。1957-1958年的两年中学时光里，他读了大量文学作品，印象很深的有《烈火金刚》《平原枪声》《普通一兵》《海鸥》《卓娅和舒拉的故事》《日日夜夜》《童年》《叶尔绍夫兄弟》等。这些书使他心中涌动着英雄主义与爱国主义，在某种程度上甚至重塑了他的人生、理想以及世界观。

1966年11月，钟志农成为最早一批下乡的知青之一，那时的他仅仅21岁。他先是在山西、内蒙古生活，后来又去了黑龙江。随身带着的只有几本《毛泽东选集》和《鲁迅选集》，他翻来覆去地看，还很认真地做了读书笔记。鲁迅身上那种针砭时弊、疾恶如仇、不妥协不苟且的个性对他有很大的影响。他越来越深地感受到了质疑的乐趣，明白了不要轻易追随某一个人。

钟志农阅读了《雷锋日记》后，经常背诵雷锋语录，他笑着说："我们那一代人的心灵是被雷锋塑造的。"

1972年，在黑龙江农垦系统参加教育工作后，钟志农的工资是每月31元。尽管当时可以买到的图书很有限，但他每个月还是拿出三分之一的工资买书，没多久就把不大的宿舍填得满满的。到了20世纪80年代，图书市场逐渐放开，国外的书陆续被引入进来，他买书的积极性便越来越高。他相信开卷有益，认为书是性价比最高的东西，那里有别人用一生时间总结的处世经验以及学习与生活的智慧。而今，他已有两间书房，一间摆放的是他钻研的心理学类书籍，另一间摆放的则是与心理学密切相关的哲学类书籍。客厅的一面墙也被做成书橱，摆放的是他喜爱的文学类书籍。

2001 年年初，钟志农创办了"心海扬帆"网站，认识了越来越多的心理学同行。他经常与台湾的心理学专家吴武典、林家兴互通邮件，互相送书，分享阅读的乐趣。一次，吴武典来杭州讲课，特意帮他从台湾带来一大包心理学书籍。与这些心理学名家交往后，他的阅读视野变得更加宽广。

蜜蜂酿蜜，有时要去很远的地方寻找花源，它停留的花越多，所酿的蜜就越甜。钟志农说，读书也是这个道理。

"我读书其实是从 50 岁才开始"

1993 年 9 月，钟志农放弃了黑龙江某农垦区教育局局长的职位，回到浙江省富阳市当了一名历史教研员，同时从事中小学生的心理健康教育工作。

问及为何要从教育行政管理转向教研，钟志农说，凡事都要从宏观的角度考虑，从长远规划今后的人生。"我回来时都 50 岁了，一方面我想从从容容地读一些书；另一方面，12 年的班主任工作，10 年的教育行政主管生涯使我感觉到，学生身上形形色色的行为问题往往不是因为思想品质不好，而是因为心理出了问题。那么，解决的切入口在哪儿呢？分析来分析去，还是要通过学校层面的心理辅导来解决，而这应该是未来教育改革的一大重点。"

钟志农同时表示，研究心理学也是出于自我成长的需要。"我首先是想解决自己的困惑，我想知道 20 世纪 50 年代政治运动中遭遇冤假错案的亲生父母选择自杀的原因，并想探索自己从青少年时代就一直思考的人生价值问题。其次是想帮助家人，帮助那些有心理障碍的孩子。"

一旦深入心理学类研究，钟志农发现，心理学可谓博大精深，要学好心理学，"不仅要精通心理咨询，还要涉猎社会心理、学校心理、发展心理、教育心理等多个领域，不多读书肯定成不了专家。尤其是学校社会学类的图书，更是从事中小学心理健康教育研究的必读书。另外，哲学与心理学息息相通，学好哲学才有可能解答有关人生乃至世界的终极追问。"

也就是从那时起，钟志农开始系统建构自己的知识体系，有意识地将阅读与未来的职业发展规划结合起来。他每周都要到书店去转转，浏览心理学方面的新书，如果觉得不错就买回家。他的爱人很支持他读书，即使有时候家里到处都是书，堆得无处落脚，也从来没有一句怨言。

钟志农也常买人文历史、自然科学方面的书籍。他越发感觉，与学生谈话，需要拥有广博的知识，"否则无法与学生的内心世界对接"。不仅如此，他还注意将各种知识整合起来，深入研究发展心理学和社会心理学，因为"学生的心理问题往往是一个系统的问题"。

为了了解最前沿的心理学知识，钟志农每年都自费参加高端的心理进阶培训班。2010 年，当代心理咨询大师欧文·亚隆的儿子本·亚隆在北京开办了一个存在主义心理治疗课程班，各种费用加起来近 1 万元。出于对亚隆的仰慕，他早早就报名，在北京认认真真地听了 4 天的专家报告，还参观了本·亚隆心理治疗工作坊。这让他大开眼界，"本·亚隆的报告专业性很强，让我对存在主义心理学有了更为深刻的理解。再回头看存在主义，再做理论上的研究就觉得不枯燥，不是空对空。总的来说，收获非常大。"

最近几年，钟志农喜欢上网购书。因为网络，他从前用卡片做笔记的习惯也改成了直接输入笔记本电脑储存。打开电脑，各类知识、各种信息分门别类，图书的出版信息以及重要词句，他都一丝不苟地记录在册，以方便未来使用时查找。这种有序做事的习惯甚至体现在他的书架上。他将书架分区分类加以排列，每本书在哪个位置他熟烂于心，闭着眼睛都能找到。

而在从事心理健康教育过程中，钟志农逐渐感受到了心理学的作用。2006 年，一个高二学生在父母的陪同下向他求助。当时，这个孩子的学习和情感遭受双重挫折，心理抑郁，有明显的自杀倾向。为了帮助这个孩子，他认真研究了抑郁症的大量文献资料，及时与医院联系对他进行心理治疗，并每月和这个孩子进行一次会谈，前后持续了 3 年。3 年后，这个孩子终于战胜心理疾病，从抑郁中走出来，并考上了中国美术学院建筑学系。现在，这个学生每年春节都来看他。

内心的追求与现实的需要让钟志农愈加勤奋地钻研心理学。多年来，他始终坚持每周 3 天到学校为学生做心理辅导，其余时间或在家看书，或外出讲学。2002 年，他成为浙江省首位中小学心理健康教育特级教师。据了解，当年获此殊荣的教师在全国仅有两位。

"将阅读与人生规划结合起来"

关于读书，钟志农用一生的经历总结了 7 个字：勤、通、用、新、严、久、精。

一是勤。钟志农爱读书，家里随处都放着书，连两个卫生间里和阳台上也都有书。除了勤读，他还勤动笔。每本书他都圈点勾画，读完后写心得，用自己的语言重组信息，嵌入自己的知识体系。近几年，他养成了不动电脑不读书的习惯，电脑里 49 个命名为"读书笔记"的文件夹按时间、学科分门别类存放，里面是一本本书的摘录与读后感。除了勤动手，还要勤动脑。阅读时，钟志农喜欢质疑、比较。灵光一现时，他就打开随身携带的电脑及时记下来。例如，他在"危机干预"的文件夹里写下这样一段话："自杀并不一定是不珍爱生命，自杀通常有多重诱因。青少年自杀很可能有两方面的重要原因：一方面可能是当众蒙羞，出于冲动的报复心理，以戕害自己的方式报复他人；另一方面可能是外部压力和内心冲突导致的抑郁，自己感到没有希望，没有乐趣，没有价值，没有生命的存在感与意义感。防止青少年自杀，最重要的是关注他们的基本心理需要，杜绝'公共羞辱'，及时发现因学业或人际关系带来的严重挫败感，及时加以引导、干预，让他们发现生命的意义和价值，以消除负面情绪的根源。"

二是通。在钟志农看来，读书最重要的是要融会贯通、触类旁通、横向打通。所谓横向打通，即心理学与哲学、社会学、教育学打通。要读出自己的观点，提炼出属于自己的经验，最终建立自己的知识体系。他认为自己和其他心理咨询师的最大区别，就是把心理学放在学校这个"大系统"和"小社会"中来加以综合研究与运用。

三是用。读书是为了解决实际问题，在实践中应用和检验。读书不能死读，要学以致用。唯有用起来，书中的知识和经验才会更深刻地印在脑海里，成为自己知识体系的一部分。在钟志农眼里，很多书更多的是一种资料的存储，是为了帮助他完善自己。读书时，他始终以自己为中心，让书为自己所用，以需求为核心选择书籍。因此，看书也有所选择。他不是一本一本、一行一行地死读书。有些书要精读；有些书则是抓两头带中间，先研究书的篇章结构，发现感兴趣的要点再细读钻研；有些书可不读，放在那儿随手可取就好。

四是新。研究心理学这么多年，钟志农越发感觉，心理学是一门前沿学科，新的理论流派不断出现，发展可谓日新月异。所以，他很注重浏览心理学的权威网站和期刊，否则"我就会被甩在后面，那样就成不了一个称职的心理辅导教师"。

五是严。心理学是一门非常严谨的学科，不能想当然，任何做法和建议都得讲究理论依据。为了解决实际问题、讲学和写书，他阅读了大量资料。在这方面，他特别欣赏台湾心理学家金树人。金先生在写《生涯咨询与辅导》一书时，不到 30 万字的书稿，从签约到付梓用了整整 10 年。在台湾出版后，版权被引入大陆，金先生又改了两年，才最终付梓。2011 年，在从事心理学研究 19 年后，钟志农推出了《班主任心育活动设计 36 例》系列图书和《探寻学生心灵成长"路线图"》，其中书末列出的参考书目共有 200 多种。

六是久。所谓久，其实是读书动力的问题。支持钟志农一直"学而不厌"的动力，就是上进心。现今 76 岁的他依然保持着旺盛的学习热情。一个重要原因是，他将读书与人生规划紧密结合起来。他在 60 岁生日时曾说："我的前半生有两个重要的 30 年。第一个 30 年，我基本在政治运动中度过，虽说学业没有完全荒废，但学业收获有限。第二个 30 年，我力求用一个 30 年去做两个 30 年的事情，以弥补人生的缺憾。今后，如果生命给我第三个 30 年，那么我在第一个 10 年里想做两件事情：一是探索具有本土特色的心理健康教育活动课的目标体系和课程框架，二是在对学生的个案辅导中形成具有特色的辅导技术和辅导风格。在第二个 10 年里，我也想做两件事情：一是探索心理健康教育在中小学班级管理中的整合模式，二是研究在课堂教学过程中如何有机融合心理辅导的理念、技巧与方法。这四件事情如果能够基本完成，我就可以愉快地安度第三个 10 年了。"钟志农非常相信"十年磨一剑"这句话，他之所以在退休之后继续大量藏书、读书、写书，是因为想在人生规划的第三个 30 年里继续"磨剑"，向马斯洛说的"自我实现"的境界努力攀登。

七是精。钟志农认为，做学问不能求快，唯有打好基础，才不会断章取义。心理辅导更是不能急功近利，要沉下心去做。1999 年，他自费参加北京师范大学心理学研究生课程班。两年半的时间里，他扎实研读，系统梳理，精读了 13 门课程的教材，打下坚实的学科基础。"我不敢学得太快，我怕学不到全部而犯了断章取义的毛病。有些问题是需要一辈子钻研的。我做心理辅导都快 20 年了，但还不敢说做得很精。到我'翘辫子'的那一天，我也不敢说自己做得很精。"

2011 年春节，在儿子的反复劝说下，钟志农终于放下笔，放下学生，走出书房，去海南度假。但是，到了海南，他哪儿也没去，整天在酒店里看书。带去的书很快看完了，他又让儿子给他快递了一批书。等到书看完了，他的假期也结束了。

一个一丝不苟的人，一个视书如命的人，亲朋好友都这样评价钟志农。对此评价，他说："人生很短暂，好书跟好人一样，错过了就永远错过了。我之所以用尽全力读书，是因为不想带着遗憾离开。"

 且读且悟

1. 蜜蜂酿蜜，有时要去很远的地方寻找花源，它停留的花越多，所酿的蜜就越甜。读书也是这个道理。

2. 与学生谈话，需要拥有广博的知识，需要阅读大量的书籍，否则无法与学生的内心世界对接。

3. 我不是一本一本、一行一行地死读书。有些书要精读；有些书则是抓两头带中间，先研究书的篇章结构，发现感兴趣的要点再细读钻研；有些书可不读，放在那儿随手可取就好。

4. 我不敢学得太快，我怕学不到全部而犯了断章取义的毛病。有些问题是需要一辈子钻研的。我做心理辅导都快 20 年了，但还不敢说做得很精。

5. 人生很短暂，好书跟好人一样，错过了就永远错过了。我之所以用尽全力读书，是因为不想带着遗憾离开。

 读书解惑

"教师不懂心理学，难成教育名家"

记者：在您看来，如何才能借助阅读完善自己的知识结构，其中

最难的是哪一步？

钟志农：我觉得，要完善自己的知识结构，首先应该明确自己的研究和发展方向。人的精力、时间都是有限的，在知识的海洋里不可能穷尽所有。所以，最重要的是明确自己的人生目标。比如说，中小学心理健康教育教师应该考虑，我是做一个社会心理咨询师，还是做一个立足学校来发展自己的心理辅导教师？我的重点是做从青少年到成年人的包罗万象的咨询或治疗，还是做面向中小学生的发展性、预防性以及补救性的辅导？如果自己将来打算到社会上独立开业，那么个人知识结构就要为应对社会各方面的心理需求做好准备。例如，婚姻恋爱与家庭、两性关系、自体心理学、变态心理学、人格心理学等，这些都要涉及甚至深入研究；在技术取向上则可能要更加关注精神分析、家庭治疗、催眠、沙盘、禅修、测量等。如果立志做一个学校心理辅导教师，可能要重点研究发展心理学、社会心理学、教育心理学、学校心理学、团体动力学、客体关系心理学、咨询心理学等等，而在技术取向上可能要更加关注人本主义、行为主义、认知主义、焦点解决、家庭治疗等。可见，生涯发展方向决定了一个人知识结构的设计思路。

其次，要完善自己的知识结构，还必须最大限度地占有研究资料，要尽可能掌握自己业务发展范畴内的最新动态和最新研究成果，如果视野狭窄，孤陋寡闻，脑子里就无法拓展自己的知识体系应有的架构。现在有很多辅导教师喜欢在网上搜索研究资料，图省事省力。其实，网上的资料是最大众化的，你看到的东西，别人也都看过。真正值得纳入自己知识结构的资料往往是以专著形式面世的。这就需要认真读书，在读书的过程"采蜜""酿蜜"，取我所需，为我所用，这样搭建起来的知识结构才是牢固的。

最后，要注意阅读与自己研究范畴相关的基础学科与边缘学科。比如哲学、普通心理学，是我们心理健康教育教师知识结构中不可忽略的；还有一些相关学科的知识，如学校社会学、家庭社会学、犯罪社会学、城市社会学、乡村社会学、环境社会学、体育社会学、人口社会学、发展社会学，等等，也都不可忽视。

记者：如今的中学生或大学生都缺少职业生涯规划意识，您认为应该从什么时候开始规划人生？通过哪种途径实施人生规划更好、更科学一些？

钟志农：人生苦短，一个人的专业生命更是短而又短。从大学毕业走上工作岗位到退休，只有30多年，转瞬即逝。常言道："十年磨一剑。"要真正做成一件事情，起码要10年左右的时间，而人的职业生涯有几个10年？所以，我们要有人生规划，要有事业追求。那么这个规划到底从什么时候开始为好？我的看法是，在读中学，或读大学时必须要有很强的生涯规划意识，但在操作上要做得很明确是不大可能的，因为即使在大学读了某个专业，今后的人生职业发展也并不一定就会朝这个方向走下去。

在当今这个多元化的社会里，更多的往往不是个人选择职业，而是职业选择个人，而且有时候一个人一生中会面临多次"被选择"。如果想要把个人规划与社会需求结合得更好一点，那么关键是要看清楚"我最喜欢、最适合做什么"。在这样的前提下，在读书和建立知识结构等方面做好充分的准备和积累，然后等待时机、看准时机、抓住时机，便会实现自己的人生规划。

记者：现在，我国优秀的心理健康教育教师特别稀缺，您觉得一个合格的心理健康教育教师需要具备哪些能力，需要在阅读上注意什么？

钟志农：我理解的优秀，就是指基本素质良好、有执着的专业理想和追求、有强烈的事业心、对学生满腔热忱、对青少年成长发展规律比较了解、有理论和实践的"悟性"、有敏锐的觉察力和同理心、有清晰的思路和表达能力、有奉献精神。有这些基本素质的教师，往往在哪里都是出类拔萃的。

一个合格的心理健康教育教师至少应该追求的是：能开发较高质量的心育活动课，能形成自己独特的有技术含量的个别辅导风格。前者要求心理健康教育教师具有设计和修改心育活动方案的能力，具有运用团体动力规律来组织、开好心育活动课的能力，具有总结、反思心育活动课成败得失的能力。后者要求心理健康教育教师具备以真诚、尊重、无条件接纳的态度与来访学生建立良好关系的能力，准确分析和判断来访学生求助问题属于何种性质问题的能力，并具有与班主任、任课教师和家长沟通、协调及系统合作的能力。有了这样的基础，其他方面的专业道路就会走得更快更好。

成长一定要踏踏实实、不浮不躁，不要总想走捷径。现在业内有一种风气，就是教师设计教案时不愿独立思考，随手打开电脑，输入关键词搜索，下载若干类似篇目，然后拼拼凑凑，就去上课了。有的教师甚至连拼拼凑凑也懒得做，干脆将原作者的姓名和单位去掉，改头换面，填上自己的姓名和单位，就拿去参加"教案设计大赛""优秀教案评比"或"优质课评比"。写论文、总结也有类似的情况，在杂志上公开发表的某些论文或辅导个案，常常引起知识产权的纠纷或者私下的诟病。所有这些现象，都要认真加以防范。我们要克服浮躁心理，沉下心来，埋头读书，脚踏实地，化虚为实，去伪存真，逐字逐句做好自己专业发展这篇大文章。

记者：如今关于中小学生心理问题的报道比较多。您认为，解决孩子的心理问题应该从哪些方面入手更有效？当前教育者最迫切需要做的事情是什么？

钟志农：当前媒体报道的中小学生因心理问题引发的事件确实比较多，某些问题长期以来久拖不决，甚至有增无减，给学校管理者、教师和家长带来极大的困扰。以我一管之见，这首先可能是我们分析问题、解决问题的思路存在偏差。比如说，青少年自杀不一定是因为他们不懂得珍爱生命；孩子行为叛逆、亲子关系紧张不一定是因为子女不懂得感恩。如果我们面对这些问题时存在思维定式和误判，那就可能"失之毫厘，谬以千里"。青少年的问题，说到底是发展、成长中的问题，是发展受阻或者错失成长关键期导致的问题；他们的问题往往是过程性的，而不是终极性的，因此最好是发现在毫末之时，解决在过程之中。

青少年的问题，必定是青少年成长系统中出现的问题，是青少年成长环境中未能提供良好条件带来的问题。其中，"亲因性""师因性"导致的矛盾占有相当大的比例。解决青少年的各种心理问题或心理危机，必须从改善整个系统入手，因此必须加大对家长和教师培训的力度，改变传统的家庭教育理念与方法，改变教师对学生问题的判断思路和归因方式。而且，当前青少年的诸多心理问题和行为问题，大多与他们的学业遭遇挫败甚至是屡战屡败有直接的联系。在应试教育体制尚未得到改革之前，我们必须认真研究学生学业不良的基本成因，以中医的"整体观"加以综合调理，尽可能地帮助学生获得学业的成功，改善他们的自我概念，促进他们自我同一性的统合，这样才能有效地防止因自我概念混乱、迷惘而引发心理疾病或行为问题。把以上三个方面综合起来加以考虑，当前教育工作者最迫切需要做的事情是认真研究青少年成长的基本规律，老老实实按照青少年的心理发展关键期来实施教育教学活动，而不是被各种眼花缭乱的教育口号、教育创新牵着鼻子走。

记者：从发展趋势来看，心理学将会越来越受到关注。您认为教师是否应该深入阅读心理学书籍？对于教师更好地学习和应用心理学知识，您有哪些建议？

钟志农：教育是科学，也是艺术。如果教师不懂心理学，充其量就只是一个教书匠。教师只有认真钻研心理学，才可能成为具有教育技术专长的名师，甚至是教育家。

要想更好地学习和应用心理学知识，我有三条建议。第一，去除神秘感。不要以为心理学专业性强，高不可攀。心理学其实就在我们的日常生活中，在我们的家庭里、教室里。学好心理学，首先是帮助自己成长，进而教育好自己的孩子、处理好自己的家庭关系，最后自然而然地帮助我们更好地教育自己的学生。第二，教师要读心理学书籍，最重要的是读《发展心理学》和《社会心理学》。前者帮助我们理解自己的教育对象，把握青少年成长的规律；后者帮助我们理解学生在班级群体中发生的各种矛盾、碰撞，有利于我们做出正确的判断和找到应对策略。第三，要结合自己工作中的问题和困惑来学习。比如，有的学生行为问题不断，经常干扰正常的教学活动，我们就可以去读诸如《我该如何停下来——认识和理解冲动控制障碍》这一类的书。这样，坚持为解决问题而读书，哪怕一开始并不成系统，但一个一个的点，最终也可以连成一条一条的线，甚至是一个一个的面。

 推荐好书

《儿童行为的塑造与矫正》，林正文著，北京师范大学出版社1998年版。

推荐理由：行为矫正技术是中小学教师尤其是小学教师和广大家长必须熟知的教育辅导技术。该书理论架构清晰，注重实务应用，又有许多生动的案例作为佐证，非常适合教师和家长阅读。

《发展心理学》(第二版)，林崇德著，浙江教育出版社2019年版。

推荐理由：该书是林崇德教授的代表作之一。该书对发展心理学研究的贡献，在于它把西方发展心理学的最新研究成果与大量本土化的研究资料结合起来，具有很强的可读性和指导性。

《团体心理治疗——理论与实践》(第五版),[美]欧文·亚隆著,李敏、李鸣译,中国轻工业出版社 2010 年版。

　　推荐理由:欧文·亚隆是当代负有盛名的心理学家和心理治疗师,该书是学习团体辅导与治疗的不可多得的优秀教科书。全书内容新颖,资料翔实,文字洗练,学术气息浓厚且富有生气,反映了作者在其丰富的咨询实践中形成的真知灼见。

周益民
不想长大的孩子王

    任教于南京市琅琊路小学，小学语文特级教师，入选《中国教育报》2010年度"推动读书十大人物"，国家"万人计划"教学名师。多次担任国内多个童书奖评审工作。著有《造梦课堂——创意语文13节》《静悄悄的课程建设：周益民语文课谱》《做个书生教师：一个特级教师的成长随笔》等。

周
益
民

他长期钻研儿童文学，把孩子带入充满真与善的世界，课堂变得美不待言。

他收集散落在民间的童谣和故事，并将之引入小学课堂，让语文多了久违的乡土气息。

他酷爱阅读，怀着一颗童心，始终站在儿童本位的立场，守护着语文，也守护着孩子们的童年。

周益民：不想长大的孩子王

现实中的周益民，安静，谦虚，内敛而素朴，一脸的书卷气，说话慢条斯理。

行走在小语界的周益民，用他细腻的心思、诗意的情怀演绎着语文的童话、浪漫与精彩。课堂上，他借助一个个有趣的故事，引领孩子们走进优美而深邃的文学世界；下课后，他喜欢被孩子们围住，给他们讲感动自己的童话故事、民间文学。有人说他怀有一颗童心，就像圣·埃克苏佩里笔下的小王子，而他宁愿自己就是那个永远也长不大的彼得·潘。

也许，正是这种不想长大的情结，让周益民备受孩子们追捧，在儿童文学的世界里肆意畅游，并始终保持一种柔软、细腻且富有吸纳力的心灵状态，一如老子所言的"复归于婴儿"。

"儿童文学是我教学生涯的一道分水岭"

"在读书上，我其实走了不少弯路。"回首自己的读书历程，周益民这样说。

1987年，周益民在江苏南通中等师范学校读书。那时的他完全是个好学生，一心一意地听名师的公开课，读着教育学、心理学类书籍。毕业后，他如愿以偿地成为一名小学语文教师。和许多年轻教师一样，他认真备课，力求每一堂课都上得精彩、上得漂亮。

"我入教育的门太早，同事很羡慕我早早找到当教师的感觉，而我却很遗憾人文类书籍读得不够多。"周益民说，当时没有人引领，他看了太多实用性很强的书。现在回想起来，精力最旺盛的时期被用在教学技巧的打磨上，耗在思考如何上好一节课上，实在不值得。说白了，如果只读教育类书籍，一门心思琢磨如何上好课，就是一个典型的教书匠。

2002年底，周益民认识了扬州教育学院教师、"亲近母语"的创始人徐冬梅。受其影响，他开始接触儿童文学。"对我来说，徐冬梅就是一种唤醒、激活，让我走向更为开阔的道路。我开始意识到，自己在知识结构上营养不良，于是恶补哲学、美学方面的书籍。"

那段时间，每到周末，周益民总会抱来一大捆书，文学作品与文学理论一起看。谈及自己喜爱的作家，他说程玮的作品给他留下了深刻印象。"程玮是一个有着独特气质的作家，她作品中那种平平淡淡、至真至纯的气息晕染着我，每次读起来都爱不释手，好像是中了魔咒一般。她的短篇小说《孩子、老人和雕塑》《到江边去》《白色的塔》，虽然写作于20世纪80年代初，但至今读来也不过时。她的'周末与爱丽丝聊天'系列也具有深厚的哲学根基。其实，语文教育就是还给学生童年的美好与纯真。在与程玮交流的过程中，我发现我们共同追求着一种真善美相融的情愫。"

而对理论性很强的书，周益民更是有着强烈的好奇心。朱自强的《儿童文学的本质》《中国儿童文学与现代化进程》，方卫平的《中国儿童文学理论批评史》，以及班马、刘绪源的作品，都让他受益匪浅。如班马提出"儿童反儿童化"，即高年级的孩子不想被称为儿童，有强烈的成为大人的心理，这让他一下子对学生有了全新的认识，甚至解开了长久以来的心理困惑。

周益民还细读了梅子涵的《梅子涵儿童小说叙事式论》、吴其南的《中国童话发展史》、孙建江的《童话艺术空间论》，系统梳理了中国童话的来龙去脉、写作技法、叙事模式等。任洪渊著的《墨写的黄河——汉语文化诗学导论》对母语的阐述很精准："随着科学的发展，人甚至人的表情都可以克隆，但唯独语言不能克隆……即使有一天，人类真的惟妙惟肖地克隆出他与她的眉与目、颦与笑，甚至以假乱真的风姿、风华、风情，但是语言，是倾吐还是低回？是痛诋还是戏骂？是反讽还是自谑？却只属于人，个体的人，一次生命一种语言方式的人。……一旦开口说话，人就与异化的物化的世界分离——谢天谢地，我们在语言中得救了！"实际上，周益民后来在民间文学研究上能有所突破，某种程度上就是受这本书的启发。

"相对来说，朱自强的儿童文学观对我影响更深，"周益民说，"在阅读过程中，我发觉传统的语文课堂对儿童的认识是有问题的。教师也好，语文也好，眼里有学生却没有儿童，儿童只是心理学意义上的。朱自强让我从文化的意义上认识儿童，重新思考成人与儿童的关系，思考儿童到底如何学习，怎么跟儿童交流。虽然朱自强的理论某种意义上源自杜威，但他的理论附着在具体事件上，附着在儿童文学上，这引起了我的共鸣，在心理上也很认同。"

例如，皮亚杰的认识论指出，儿童的智力和情感都是由低级到高级发展的。在朱自强看来，其实恰恰相反。一个人的情感、灵性在童年时达到最高峰，如果不加以呵护，越老越退化。而从教学现实中来看，朱自强的观点得到了越来越多的验证。

后来，周益民有机会去上海师范大学跟梅子涵学习了一年，对儿童文学理论进行了更加系统的梳理。他感慨，回头看曾经的小学语文教材，发现我们把儿童文学想得太幼稚、太浅显了，儿童往往湮没在成人的思维、成人的需要、成人的权利与成人的虚荣中。"怎么理解儿童就是一种文化。儿童文学其实是很深奥的，远不是简单的儿童文学，成人与儿童是一种互补与互哺的关系。"

周益民坦言，小学语文与儿童文学两个圈子隔阂太深。许多教育界争论的话题，其实儿童文学界早已争论过了。儿童文学的很多观点，小语界并没有吸收。例如，2004 年小语界争论"深度语文"，即小学语文要不要深刻，现在也无定论。其实，早在 20 多年前，儿童文学界就提出儿童文学是浅语的艺术，浅语不是肤浅，而是浅后有深，是深刻而不是深沉。如果两个领域尽早融合，多加交流，小学语文课堂会是另一番模样。

"儿童文学滋养了我，丰富了我，启发了我，改变了我，让我找到了教学的乐趣，"周益民说，"接触儿童文学之前，我上了很多课，很多人认为很漂亮的课。但接触儿童文学之后，我再也不想上那样的课了，儿童文学是我教学生涯的一道分水岭。"

"为小学语文补上民间文学这堂课"

回忆自己的读书生涯，周益民说，大概从小学三年级起，爱读书的念头就像沟边的野草一样疯长。每天每日，他像一头饿昏的困兽，焦渴地寻找着书源，逮着什么读什么，只要有字就行，哪怕是包装物品的旧报纸。

等到终于有了属于自己的报刊，在固定的日子里便有了期待，"领取报刊更是成了一场仪式。从邮局取回报刊后，我总是逐字逐句地阅读，读完之后再整整齐齐地码在一个小小的箱子里。看着自己读过的报刊，我觉得我就是一个大富翁。"周益民说。

在享受阅读的过程中，他邂逅了机巧的、智慧的、瑰丽的民间文学。作家黄蓓佳曾说，民间文学曾经是我们生命中的初乳。日本临床医学家河合隼雄在《日本人的传说与心灵》一书中，用日本的民间传说解读日本人的心灵。"其实，古老的中国也同样如此，那些久远的故事流淌进一辈辈中国人的血液，在心中打下相同的印记。精卫填海、嫦娥奔月、吴刚伐桂、鹊桥相会……这是中国人独有的想象与生活，构成了我们民族的原始意象与深层心理结构，是不可缺少的话语。那些俗语、俚谚与笑话，保留了语言自身的多样性、丰富性和独创性，张扬着母语的本真特点。"

然而，今天的儿童似乎已没有了这种与山川、自然对话的机会与兴趣。在周益民看来，成为教师之后，与孩子接触多了，越来越发现如今的孩子已被电视、可乐、动漫包围，对室外游戏、夏夜星空、月下山峦毫无兴趣，成了心灵脆弱、脱离自然的"塑料儿童"。这些在城市文明中长大的孩子正在失去灵性，已经习惯用物质代言欢乐，无法与自然和谐共存。而民间文学作为另一种意义的自然，儿童也正与它日渐疏离，民间文学负载的民族文化同样正在令人忧虑地远去。

周益民刻意地钻研民间文学，源于一个偶然的契机。2007年9月，周益民尝试着将民间文学引入课堂。那年的中秋节即将来临，他计划在班级上一节关于月亮的阅读课。在中国传统文化中，月亮是一个重要的意象，也是一个富于哲思的精神寓所，相关材料浩如烟海，取舍与定位的角度需要出新。人们一直在言说、传承月亮文化，但却很少考虑接受人群的特点。于是，他将这一课定位在"童年视野中的月亮"。这样，在收集资料的过程中，很多以吟咏月亮为主题的童谣自然而然地便出现在他的视野里。

他犹如发现了一个宝藏。那些被一代代传唱的童谣所特有的音韵、节律以及风趣的内容吸引了他。意料之中，当他将这些材料呈现给孩子们时，他们显得无比快乐，一个个喜笑颜开地诵读起来，并且拍着桌面轻轻打起了节奏，课堂出现了少有的活泼与生机。

这一偶然的尝试成功引起了周益民的注意，他开始有意识地收集相关材料，并将这类阅读材料介绍给学生。开始是一般的童谣，进而是绕口令、颠倒歌、摇篮曲、谜语、对歌、相声、快板、西河大鼓、连锁调等。他也千方百计地收罗、整理国外的民间文学作品，如卡尔维诺的《意大利童话》。在之后的几年间，他将阅读视角转向民间文学理论。

周益民表示，"五四"时期的周作人、郑振铎、闻一多等，作品里有很浓厚的民间文学思想，只是学界很少有人关注。民间文学是民族的胎记、基因，而且民间文学里有民间的文化精神。用心找，还是能找到。"民间文学的阅读教学实践始终伴随着孩子们的快乐与满足，我也重新体验到久违的口耳相传的愉悦，重新认识到儿童阅读民间文学的意义与价值。"

"与其屈就教材选文来进行教学上的修补，还不如直接在民间文学的大海中寻找宝藏。"在教学实践过程中，周益民越发感觉，民间文学这种口耳相传式的传递方式很适合课堂教学。换句话说，这使得他的课堂如活水一般保持新鲜，富有活力。而随着阅读的深入，他对民间文学甚至语文有了更深的理解，甚至开始质疑一些语文教材。"现在的语文教材是以旁观者的姿态出现的，与儿童有着天然的距离感。而民间文学作为一种语言的艺术，天然地保有母语情怀，而这其实应该是小学语文的永恒立场。"

对于周益民的教学实践，有人如此评价："这是一次小学语文课程改造与建设的艰难探索，试图开辟一条新道路，弥补长久以来课程与教材的缺失。其价值在于，从树立正确的语文学科性质观的高度，在唯工具论与人文主义泛化这两条歧途之间，走出了他自己的课程创新之路。"

"不一样的课堂背后是不一样的阅读积淀"

凡是听过周益民公开课的人，都会发现他很少上语文教科书里的课文，而是用自编教材讲课。

对于这样做的原因，周益民表示，上公开课，他也失败过、彷徨过，走过不少弯路。1994年，他应邀在某知名学者的教学思想研讨会上，执教一节古诗观摩课，那是他第一次出省上课。其他教师讲课时，他觉察到专家评委总是在碰撞、在争执，不同的观点有时甚至难以调和。一位老专家拍着他的肩膀说，"你的课一定要有某某环节呀！"他懵了，因为这跟他原先的设计大相径庭。轮到他上课时，他完全不在状态，上了一节可谓非常失败的课。

但那一节古诗观摩课也敲醒了他，让他开始反思自己的教学理念，并彻底改变了他的教学风格。

他突然明白，自己的茫然、犹豫其实源自内心的空虚。教师的生存应该是一种智慧的生存，教师应该是一株会思考的芦苇。从那以后，他差不多把学校资料室的旧杂志翻了个遍，研读了当时国内几乎所有具有一定知名度的特级教师的教学案例，以至于他对名师名家的代表课和教育理念如数家珍。名师名家们严谨、质朴以及广博的阅读也给了他很大影响。

于是，周益民开始了语文教学的儿童文学转向，使自己的课堂更多地关注儿童的心理成长与心灵感悟。每次讲课前，他也和许多名家一样，做足准备工作。渐渐地，他的课有了耳目一新、让人惊喜的元素。讲授《只有一个地球》时，他找到一位荣获地球奖的专家，向其请教了大量问题。上民间文学课时，他向北京大学的民间文学学者请教。上谜语课时，他不像许多教师一样，只是让学生猜字谜，而是四处查找资料，泡了好几天的图书馆，知道了有关谜语起源的各种学说、谜语的名称变化以及其他国家的谜语演变等，然后重新设计课堂。由于做足了功课，课堂上孩子们讨论的答案与专家研究的结果非常接近。

上对联课时，他让学生发现对联的意趣，学生因而深深爱上了这种民间艺术。一个学生春节出去游玩时，专门寻找、记录经典对联，给对联拍照，并查找出处与来历，还利用假期做成了PPT，给全班同学看。在周益民看来，对联、童谣、颠倒歌等看似风马牛不相及，但放在一起却能产生非常幽默的效果。如"板凳板凳歪歪，菊花菊花开开"，这是母语的神秘之处，也是儿童感兴趣、充满童真童趣的语言，更是真正的本色的孩子喜欢的语文。"中国的孩子应该多阅读中国的故事，最重要的原因就是里面有民族价值取向、民族精神和文化传承。"

"语文学习不仅要学会看，还要学会听，尤其是那些识字不多的孩子。"周益民感慨，目前的语文教学忽视了聆听与听力培养，现有的听力训练都是技能方面的，"路子走偏了"。

周益民的家里，书房和客厅里都是书，也有很多图画书，花花绿绿的，铺满了整整一书柜。面对书柜，就好像打开了一个世界，走向了一片神秘的森林。他惊讶于故事竟然可以这样表达，简直不可思议。如谢尔·希尔弗斯坦的《失落的一角》，简单的画面竟然传达出那样富有意味的哲思；五味太郎创作的《鳄鱼怕怕，牙医怕怕》，把两个不相干的东西放在一起，表达了非常幽默的效果。

而在教学时，周益民想得最多的，就是怎样调动每个学生的情绪和思维，怎样带动孩子们感悟真正的语文。他很喜欢《小王子》，百读不厌，里面丰富的隐喻深刻地揭示了成人与儿童之间的关系。"这本书常提醒我，不要忘记自己曾经是个儿童，要站在儿童的立场教书。"他让学生在书里找好朋友，说一说都找到了谁、朋友有哪些特点、最喜欢的理由等。他让学生在阅读图画书后编故事。学生的智慧、想象力与创造力总是让他感到惊讶，让他确信"儿童天生是诗人，儿童天生就是发明家"这句话。

"简现在是普通的成年人了，女儿名叫玛格丽特。每到春季大扫除时节，除非彼得自己忘记了，他总是带玛格丽特去永无乡。她给彼得讲他自己的故事，彼得聚精会神地听着。玛格丽特长大后，又会有一个女儿，她又成了彼得的母亲。事情就这样周而复始，只要孩子们是快活的、天真的……"在《彼得·潘》的结尾处，詹姆斯·巴里将幸福寓意为一种单纯的快乐，而这也可谓周益民心灵的真实写照——一个徜徉在语文世界里不想长大的孩子王。

 **且读且悟**

1. 小学语文与儿童文学两个圈子隔阂太深。许多教育界争论的话

题，其实儿童文学界早已争论过了。儿童文学的很多观点，小语界并没有吸收。

2. 民间文学的阅读教学实践始终伴随着孩子们的快乐与满足，我也重新体验到久违的口耳相传的愉悦，重新认识到儿童阅读民间文学的意义与价值。

3. 与其屈就教材选文来进行教学上的修补，还不如直接在民间文学的大海中寻找宝藏。

4. 教师的生存应该是一种智慧的生存，教师应该是一株会思考的芦苇。

5. 中国的孩子应该多阅读中国的故事，最重要的原因就是里面有民族价值取向、民族精神和文化传承。

 读书解惑

"语文教师应是儿童文学的传播者"

记者：您当了30多年的语文教师，您认为，当下语文课堂存在的最大问题是什么？语文教师最需要补哪些课？

周益民：我以为，目前语文课堂最大的问题，仍是对人、对儿童的淡漠。我们的教学更多的仍是着眼于知识获得的结构化，很少考虑儿童作为一个健全人的健康成长。母语学习固然有现实的工具的一面，但更应该有超越的精神的追求，如著名学者王富仁所言，这"不是否认语文的工具性，而是要把这个工具交到能自由使用它并为人的

精神发展服务的'人'的手里"。

苏霍姆林斯基说，学校必须是一个精神王国，而只有当学校出现了一个精神王国的时候，学校才能称其为学校。在这个精神王国里，真正的国王并非名义上的校长，而是一群有独立精神、自由思想、积极追求的教师和学生。

"语文教师最需要补哪些课"这个问题，由我回答其实是不合适的。作为其中的一员，我深知，我们其实是很弱势的一个群体。我在想，我们所能做的，是不断丰富自己的内心世界，以增强自己抵抗各种不良思潮的底气与信心。

记者：诚然，语文教师都应该对儿童文学有研究，但现实却是很多教师有心无力，摸不到门路。您认为，语文教师走进儿童文学或者使自己具有儿童视角的有效路径是什么？

周益民：具备一定的儿童文学素养，对于从事童年期母语教育的我们而言大有裨益，甚至是未来小学语文教师的必备条件。我近来困惑的是：小学语文教师的儿童文学素养与专业儿童文学工作者的儿童文学素养一致吗？小学语文教师的儿童文学素养的本质是什么？是拥有大量儿童文学作品的阅读？是拥有相应的儿童文学理论与作品的解读能力？

思考应该从这样的反例出发。其间的奥妙并不复杂，广受孩子欢迎者必是儿童的知音，是孩子生命的悉心呵护者。斯霞老人保留低年级孩子写话中的"阿姨都是女的"，就是认同了那是儿童眼睛的发现与发现后的欣喜宣告。这便与儿童的生命律动获得了共振。朱雪丹老师面对孩子"现在怎么还能找到那块叫海力布的石头"的疑惑，依托文本，揣摩想象，组织讨论。经由文字而弥漫课堂，进而走入心胸的庄重感、悲情味、爱怜心，以及那种洋溢着的浪漫主义色彩，不就是在演绎着最好的文学、最好的儿童文学吗？

所谓小学语文教师的儿童文学素养，我更愿意理解为一种真正热爱儿童，且主要以形象语言的方式获得存在的生命状态。它的获得不靠传授、讲解，而主要靠浸润、生长于优秀儿童文学作品的阅读生活中。受时代局限，我们的前辈遗憾地与儿童文学失之交臂，只有极少数者凭借个人禀赋、实证经验、相关领域（如美学、儿童心理学、一般文学）等非自觉地拥有了这一素养。今天的我们，理应将此作为一种职业的自觉选择。

记者：您是否认为每位语文教师都应该成为儿童文学和民间文学领域的专家？对初登讲台的语文教师而言，要成为一位名师，您认为应该做好哪些准备，从哪里开始启程？

周益民：说"成为专家"可能会吓跑一些教师，更何况我离专家也还"路迢迢"。但起码应该说，每位语文教师都应该是儿童文学和民间文学的爱好者、传播者。

儿童文学的阅读近些年已经为大家接受，民间文学仍处边缘地带。那些哺育我们这个古老民族的生生不息的传说、故事，已经成为我们的民族基因，早已流淌在我们的血液中。

我其实不喜欢所谓"名师"的说法。在当下的语境里，在所谓打造"名师"的工程中，有一股功利之风，这违背了教育的本义与真义。

要成为一个好教师，我以为需要培养"三心"：一是爱心，二是童心，三是文心。爱心是基础，是前提。只有热爱，才会投入，才会富于激情和创造。因为我们是与儿童交往的成人，所以还需要了解儿童、信任儿童、尊重儿童，乃至以儿童为师，持有赤子之心。又因为我们是孩子的母语教师，我们需要展示母语的典雅、丰富、智慧、幽默，所以我们需要不断修炼自己的文学、文化素养。

记者：现在，绝大多数语文教师是用语文教材教书，局限于语文教材讲语文。其实，除了教材，语文还有很广阔的空间和内容。对于教师打开视野教语文，您有怎样的经验和建议？

周益民：这种状况是多种原因造成的，很多人只看到终端链上的教师，殊不知教师其实有着很多无奈。也正因为如此，我们对那些勇于尝试和探索的教师格外敬重。

教科书确实根本不是什么圣经，教科书外的天地广大而美好。一个教师，首先要有勇气，相信自己是在为童年做一件美好的事，去勇敢地走出那些"习惯""规定"，等等。更重要的是要不断学习，向书本、学有专长者学习，辨识精华而为己所用，最终惠泽儿童。

 推荐好书

《小王子》，[法] 圣·埃克苏佩里著，梅思繁译，辽宁少年儿童出版社 2019 年版。

推荐理由：茫茫星空里，浩浩沙漠中，这本书讲述了人类永远的真挚与感动、希望与梦想。

《周作人论儿童文学》，周作人著，刘绪源辑笺，海豚出版社2012 年版。

推荐理由：周作人是中国儿童文学的先驱，在中国最早译介丹麦作家安徒生的作品，其"儿童本位论"思想将使每一个与儿童交往的成人受到教益。

冷玉斌
用阅读点亮心灯

江苏省优秀教育工作者，泰州市"十佳青年教师"，泰州市小学语文名师工作室领衔人，"国培计划"北京大学小学语文课程开发和教学指导专家，全国"百班千人"公益读写行动导师团队成员。著有《教书·读书》《教书这么好的事》，入选《中国教育报》2015年度"推动读书十大人物"。

冷
玉
斌

他是同事眼中的孩子王，学生眼中的小王子。

他爱读童书，将童书带进课堂；他设计了众多
阅读活动，让童书浸润童年。

他引领更多同行爱上童书，也用美丽的童话丰
盈着乡村孩子的内心，为他们打下靓丽的精神
底色。

冷玉斌：用阅读点亮心灯

在一些童书导读或童书发布会上，经常能看到"冷玉斌"这个名字。不熟悉他的会以为他是少儿出版界的资深人士，熟悉他的便知道那是他的第二田园。生长在乡村，在靠近乡村的小学教书，冷玉斌对教育、对阅读有着无比深厚的感情；他和他的学生一起走进童书，一窥乡村之外的大世界。有人将他比作"水乡的一棵树"，而他的确一心守护着鱼米之乡的读书传统，守望着乡村孩子们的明天。

而今，"这棵树"依然扎根在江南水乡，一路阅读，一路教书，已是小学语文课程开发和教学指导专家，主持过"'亲近母语'儿童哲学课程研究"课题，担任着《基础教育课程》杂志小学语文学科的顾问，2015 年被《中国教育报》评为年度"推动读书十大人物"。在童书领域，他是充满童心的读者、心系未来的教师、令人敬佩的儿童阅读深耕者……

回首来路，他的成长历程颇有看头。

"童书，让学生有了精神之锚"

1995 年，冷玉斌考上高邮师范学校，在校期间担任过校报主编，养成了爱读书、勤写作的习惯。1998 年中师毕业后，他不到 20 岁就成了一名乡村教师。

工作第二年，他偶然看到一本绘本《猜猜我有多爱你》，读得投入，爱不释手，"仿佛走进一座桃花源"，进而开始倾力研究。一位朋友送他一套 4 册《雅诺什童话集》，他如获至宝，反复阅读，从中慢慢摸到与学生对话的秘诀。自 2004 年开始，国外经典绘本被我国出版社大量引进，他工资的绝大部分都用在了购书上。随着一本本经典作品，如《驴小弟变石头》《疯狂星期二》《小猪唏哩呼噜》《海底的秘密》《活了 100 万次的猫》《让路给小鸭子》等逐渐摆上他的书桌，他对童书越来越痴迷，对其教育价值有了越来越深入的认识，也渐渐成为学生心中的"故事大王"。

对国内外的经典童书作家，冷玉斌如数家珍。他喜欢"怪老头"孙幼军，喜欢"给孩子的"系列，也喜欢毕飞宇的教育写作。从天天出版社的原创小说、新蕾出版社的"国际大奖小说"书系到魔法象的少年小说，从《帅狗杜明尼克》《夏洛的网》《草房子》到《吴姐姐讲历史故事》《少年读史记》，但凡好玩的童书，他都不放过，休闲时间也几乎全都用在阅读上，"正是有了这些童书打底，让我和孩子们在一起时有了底气和共同语言，坚定了我当孩子王的念头。"谈及童书，冷玉斌的眼睛里闪着亮光。

读的童书多了，冷玉斌开始从单纯的绘本爱好者、资深的阅读者转向专业的绘本研究者、文本解读者，从一个人读转向带领全班学生一起读，在班上不断推介、品味和评析经典儿童文学作品。最初的做法很简单：他大声读给孩子们听，读的过程中学生笑声不断；之后，他尝试师生共读，围绕一本书展开讨论并撰写故事感言，制作个人读书卡或读书小报。

冷玉斌在教室后面的墙上贴了一张大白纸，纸上竖排写着全班同学的名字，每个名字后面画了一节火车头。学生每读完一本书，在全班同学面前分享完之后，就可以在自己的火车头后面添上一节车厢，车厢上写着书名。他记得，一个姓许的学生在一个学期内，火车头后面的小车厢从无到有，从少到多，在寒假到来之前，已长达近 40 节。随着师生共读的持续，每个孩子的车厢都越来越长，成为教室里最美的一道风景。

到 2012 年，大量的优秀童书开始成为他的教材。他有意识地予以课程化，如故事解读、创意写作、专题分析等。他还尝试着在教学中引入文本分析，和学生一起发现童书中线条、色彩、构图等艺术表现的用意与奥秘，将阅读作为游戏，抑或引导学生创作自己的绘本。尽管学生创作的文字略显稚嫩，但放飞想象的结果是，学生变得越来越喜欢阅读、写作。他从学生那里获得了非常多的教益，认识到每个学生在艺术创作方面的巨大潜能，也坚定了他继续通过童书阅读来激发乡村学生建立自信、健康成长的决心。

冷玉斌没想到的是，共读童书的经历对学生产生了很大的影响。2018 年的一天，去外地出差后，在回兴化的长途客车上，他偶遇第一批在课堂上和他共读绘本的学生。这名学生如今已为人父，回忆起当年的小学时光，说最幸福的时刻是和老师一起读绘本、读童书，那些师生一起读过的书，他现在正在读给自己的孩子听。

如果说童书是阅读航线上的锚，那么冷玉斌无疑让学生也有了自己的精神之锚。"童年的阅读会让孩子一生受益，是奠定心灵底色，让孩子在未来的旅途中不轻易迷路。因为童书，我知道自己将来可以做什么，能为乡村的孩子们做些什么。"

"对童书进行系统的课程化打造"

跟一些教师有些不同，冷玉斌喜欢"扫荡式阅读"，即看到一本有感觉的好书后，他习惯将这个作家的其他作品一网打尽，并对相关作品进行品读、对比、分析。一段时间后，将作家作品转化为教学内容，再延伸为系统化的课程。

例如，他很喜欢日本诗人新美南吉的作品，人教版小学教材选了其中一篇《去年的树》——"一棵树和一只鸟儿是好朋友。鸟儿站在树枝上，天天给树唱歌。树呢，天天听着鸟儿唱。日子一天天过去，寒冷的冬天就要来到了。鸟儿必须离开树，飞到很远很远的地方去……"其中具有跳跃感和生命力的文字，他非常喜欢，还买来全6册的《新美南吉童话故事全集》，一本接着一本地引领学生朗诵、品读。于是，《鹅的生日》《小和尚念经》《树的节日》《捡到的喇叭》《喜欢孩子的小神仙》《小狐狸买东西》《蜗牛的悲伤》《一束火苗》等诗歌中优美的诗句、灵动的语言出现在课堂上，挂在孩子们的嘴边，留在他们的心里。

对于童书的课程化，冷玉斌认为，不能为了课程而课程，生硬引入违背了阅读和教学的本意，而做到系统的课程化其实很有挑战。一方面，作为语文教学的延伸与拓展，童书进入课程是一种必然，毕竟语文教学不能只局限于教材，还要扩大学生视野，尤其是对乡村孩子来说，家庭阅读跟城市孩子相比差距较大，教师要多带他们读好书，通过阅读来提升他们的语文能力和综合素养。另一方面，课程化顺畅与否，学生是否喜欢，与教师的阅读量和选书的眼光密切相关。

童书的课程化还考验着教师的教学设计能力，需要教师以合适的方式教给学生。在冷玉斌看来，师生轻松地共读、讨论、交流，学生才不会感到阅读童书是额外的负担。"童书的门类非常丰富，不只是儿童诗、绘本，儿童文学、民间故事、科普知识和传统文化也都应进入课堂。而且，与童书有关的内容，如写得好的童书导读、书评、创作感言等，也可以作为教学素材，一步步予以课程化地建构。"

从2017年开始，冷玉斌着手整理传统文化类的童书，并单独把中国古代，尤其是南北朝时期以记叙神异鬼怪故事传说为主体的志怪小说拎出来，融入课程。他引导学生深入研究报恩、惩恶、敬亲等不同主题的作品，进行改写、仿写、扩写。两年下来，学生的阅读能力和写作水平都有了较大提高。他还倡导整本书阅读，每学期共读两本书，课堂上学生的参与度极高，从侧面反映现有的教学或课程路子是对的。下一步，他将把研究重点放在对童书的整体评价上，帮助学生通过阅读逐渐培养思辨能力和审美能力。

"尽管现在从家庭到学校都很重视阅读，但在乡村学校，阅读尤其是童书阅读，还没有得到足够的重视。"冷玉斌坦言，他的阅读课有着很强的理想色彩，他想在陪伴这些乡村孩子逐渐长大的过程中，在他们心里留下点什么。尽管在有些人眼里，他的做法和关注点有些理想化，但就像谢尔·希尔弗斯坦的《总得有人去擦星星》一样，"我相信每个孩子都是一颗星星，都可以擦得亮亮的，而当群星闪耀时，我自己也变亮了"。

　　这一点，冷玉斌很像《上课记》一书的作者王小妮。冷玉斌还记得他第一次读到《上课记》里一段话时内心的激动与战栗："在今天，一个自认的好人总不能什么也不做，总不能继续束手待亡。哪怕多数人都在侧目观望，认为我做的这些全无意义，渺小微弱，甚至是飞蛾扑火。如果它完全是徒劳，也要让这徒劳发生。"这句话坚定了他现在的坚持——他们面对的同样是来自乡村的孩子，所做的同样是通过自己的努力来改变农村孩子的命运，而这条途径就是一以贯之的阅读、系统建构的语文课。

"我似乎看见了孩子们未来的光亮"

　　2012 年，冷玉斌被调到兴化市第二实验小学任教。工作调动后，他距离城市近了，但不变的依然是乡村教师的身份，还包括他的教师读书会。冷玉斌不止一次说过，和孩子、和更多教师一起阅读，是他对教育的初心，也是乡村教育的未来。冷玉斌至今还担任着兴化市小语会"心远"读书会的秘书长，做着推荐图书、收集阅读笔记、组织文稿、编辑刊物等工作。在他看来，让每个学生都爱上阅读，通过阅读来充实自己，是他应该做也能做的。

　　但坚守或守望，从来不易，就像他的好友王小庆所说："在乡村生活久了，你会明白，这里除了城市人所想象的山清水秀、诗情画意，还有贫穷、愚昧，甚至是文化的衰败。对于这一点，小冷的体会直接而深刻。他目睹了村小被撤并、学生因长期留守而导致身心成长受阻等令人痛心的景象。当他看着自己班上的孩子时，常常不自觉地感到悲痛。"

冷玉斌的应对之道，就是在丰富的图文世界里帮助孩子们建立人与书、人与外界、人与人之间的联结。在他的内心，阅读的本质就是联结，虽然个人所积累的知识和经验是有限的，但通过阅读建立起来的联结，可以将一切人和一切物结为一个整体。"我喜欢旅游和读书。旅游能放大身体的半径，读书能放大心灵的半径。身心的放大，实质上是一个人生命格局的放大，它让一个人更有方向感。通过放大身心而扩展自己和周遭世界的疆界，建立更加复杂的联结，在这个过程中，自己的人生格局也跟着放大了。乡村的孩子们也是如此，唯有阅读，能让他们走得更远、更踏实、更自信；唯有阅读，能让他们在未来的成长中更有幸福感、成就感、自豪感；唯有阅读，能让他们与脚下的土地、所生长的乡村、所浸染的传统文化，联结得更紧密、更持久。"

学生从童书中得到的，其实并非多么丰富的知识或多么了不起的技能，而是对未知世界、万事万物的同理心，是从意外和惊奇中发现生活的乐趣、生命的价值。他们现在也许还感受不到，但在未来不经意的那一刻，他们会感受到，一定会发现阅读所潜滋暗长的神奇力量。对此，冷玉斌深有感触，也愿意为童书阅读代言，"我和学生一起读大量的童书，有时候也是在表明一个立场，即教师完全能够做到的，是让我们自己活得更像一个儿童，与学生产生心灵上的共振。童书是非常好的桥梁或纽带，是非常好的媒介，是童年的礼物，是童心的天然伙伴。如果能坚持读下去，就已经很了不起。这么多年来，我似乎看见了乡村孩子们未来的光亮。"

冷玉斌也感受到，阅读尤其是和孩子们一起阅读，让他慢慢安定下来，愈加懂得了自己的身份和定位，悟出了理想的教育无非是师生都成长为一个有事做、有人爱、有期待的幸福的人，虽然要做到这一点并非那么容易。

联结儿童、联结乡村、联结传统，阅读是捷径也是核心。对阅读本身来说，阅读是一个人孤独的旅行，需要耐力，需要坚韧，需要阳光心态，属于一个人的生命修炼。还好，冷玉斌做到了，而且已经做得越来越好。

且读且悟

1. 我喜欢旅游和读书。旅游能放大身体的半径，读书能放大心灵的半径。身心的放大，实质上是一个人生命格局的放大，它让一个人更有方向感。

2. 我和学生一起读大量的童书，有时候也是在表明一个立场，即教师完全能够做到的，是让我们自己活得更像一个儿童，与学生产生心灵上的共振。

3. 阅读是一个人孤独的旅行，需要耐力，需要坚韧，需要阳光心态，属于一个人的生命修炼。

读书解惑

"真正的幸福，从来都是在自己的内心诞生"

记者：有人说童年的价值远没有被发现，童书的价值远没有被发现。您多年坚持阅读童书和用童书教学，对童书价值的认识有何变化？您觉得童书与语文教学是一种怎样的关系？

冷玉斌：关于童年的价值，怎么说都不过分。关于童年的状况，很复杂，比如不少乡村儿童，爸爸妈妈背井离乡打工，他们的童年本身就处在一种分离状态，这时候再来谈童年的价值就很空洞，如何让他们拥有一个正常的童年，才是一个真问题。

说到童书，毫无疑问，童书是童年最好的伙伴，鸟有翅膀，孩子可以有书。对孩子来说，童书特别是好的童书，会是他们看得见的翅膀。这双翅膀会让他们认识世界，帮他们打开视野，带他们漫游寰宇，推动他们成长为最好的自己。我个人对童书价值的认识一直没有改变，始终觉得要把好的童书，想方设法地带到孩子们面前，与他们一起阅读，增加积累，培养能力，提升素养。但是，在这当中，对童书本身的评价与遴选，我会有一些个人的思考，也就是我前面提到的只能将好的作品推荐给学生，而不能将所有打着"童书"名头的作品不假思索一股脑儿地推荐给学生。关于童书与语文教学的关系，简单说，童书是语文教学的重要资源，将童书引入语文教学，这是语文新课程建设的重要内容，尤其在当今相当重视整本书阅读的背景下，但也不能由此认定，语文教学等同于童书教学。目前，对统编教材的课堂教学实践，仍然是语文教学的基本工作和主要工作。

记者：尽管您现在已经不是纯粹的乡村教师，但在字里行间仍能感受到您具有很浓厚的乡村情怀。您对"阅读改变命运"这句话有什么看法？您陪伴乡村孩子这么多年，觉得他们身上有哪些与众不同的特质？对他们而言，什么才是最合适他们的且他们最喜欢的教育？

冷玉斌：如今我已经不在乡村学校工作，而是来到了县城的学校。我现在工作的学校有很多孩子来自乡村，从他们身上，我仍能亲身体验到乡村教育的某些面貌。单说"阅读改变命运"这句话，很明显，这是作为阅读推广提出的一个美好的口号，是一种期待，也是对阅读的一种肯定。

客观来讲，阅读是否能够改变命运，特别是改变乡村儿童的命运，这需要大量的现实案例来验证，并不是一句口号就能给出全部答案的——本身说"改变命运"，这也是一个极其含糊的说法。

要说乡村孩子与众不同的特质，这个同样难说。我们国家太大了，很多问题都太复杂了，乡村与乡村并不一样，比如经典传唱人梁俊老师在大凉山，他与孩子们一起唱歌吟诗，我能感受到那些孩子的纯朴与真诚。而我原来所在的乡镇，物质并不贫乏，孩子们可能就是留守的比较多，隔代教养的比较多，城里孩子看"跑男"，他们也看"跑男"；城里孩子吃麦当劳，他们也吃麦当劳。从这一个方面来看，他们没什么独特的、突出的好的品质。相反，因为家庭教育的缺失，也没有家人之间温暖的陪伴，某些不好的方面，在他们身上体现得极为明显：学习习惯不好，缺乏教养，比较敏感，有些孤僻，岁数大一些容易结队成伙等。

对乡村孩子来说，什么才是适合他们的且他们喜欢的教育？目前来讲，这个问题近乎无解，除非我们能彻底从另一个思路来思考，但这"另一个思路"可能暂时又不成其为思路。之所以说无解，是因为从根本上来说，无论城市还是乡村，以读书、学习而论，除去那些能跳脱国内高考体制的，不然到最终，都要过高考这一座独木桥。

那么，所谓适合与喜欢就很无力，不可能由着这些来，仍然是要刷题、抓分，提高升学率等等，不管过程如何变化，目标总已经在那里，这就是现实。"另一个思路"也就不言自明，那就是不完全落脚于高考，而是着眼于乡村发展，培养乡村需要的人才，培养能扎根乡村的人才。但是，这可能吗？多年以前，陶行知先生就大声疾呼："中国乡村教育走错了路！他教人离开乡下往城里跑。他教人吃饭不种稻，穿衣不种棉，做房子不造林。他教人羡慕奢华，看不起务农……"这么多年过去了，我们好像也还没有把路走对。

记者：相对城市，乡村教师在专业成长上面临的问题可能更多一些，跳出来更难一些。对于乡村教师的未来发展，找到职业成就感和幸福感，您有什么感受和建议？

冷玉斌：现在，国家对乡村教育的扶持力度越来越大，对乡村教师的成长关注越来越多，这也是针对乡村教师所处环境、面临困难等给予政策上的优惠与帮助。应该说，这些做法极大地提升了乡村教师的职业尊严与工作热情。

就职业成就感和幸福感而言，我倒是觉得，无论是城市还是乡村，最根本的方面其实是相通的。那就是，这些东西应该是来自教育本身，来自工作本身的。我培养了一个优秀的学生，给了学生特别多的关爱与帮助并为学生所感恩与铭记，上出了一节自己很满意的课，组织了一次很有意义的活动，为学校的发展做出了自己或大或小的贡献，这些才是真正的职业幸福感的源泉，这些不会因为谁在城市就会很多，谁在乡村就会很少。

的确，可能在城市里，用老师们的话讲，生源好些，学生资质好些，学校的平台高些，有些事更容易做到，但做得到做不到是其次，重要的是我有没有去做。在乡村也好，在城市也好，要是没有尽到教师的职责，没有努力去做一名好教师，那么永远都不会幸福。在乡村的话，可能就是像朱光潜先生说的：朝抵抗力最大的路径走，需要教师更多用力，立足讲台，磨炼自己，守护学生。在这样的过程中，哪怕只是做了一点点，如果这一点点能够给学生以滋养与润泽，那么乡村教师的幸福就不会空洞，也不会只是被动地索取与要求，仿佛所有的幸福只能是体制给的。

事实上，教师真正的幸福，从来都是在自己的内心诞生。

 **推荐好书**

《论语译注》，杨伯峻译注，中华书局 2017 年版。

推荐理由：《论语》是中国儒家的宝典，其中记载着两千多年前的孔子和他的弟子的言行。"半部《论语》治天下",从古至今,无论是在士人当中,还是在老百姓中间,《论语》都是中国人不能逾越的圣典。

《论语》作为中华文化的源典,其论证的思想已浸透到中国两千多年的政教体制、社会习俗、心理习惯和行为方式中。从教师的角度看,读《论语》是向身为万世师表的至圣先师学习,看他如何做教师,思考自己又该如何做教师。

《陶行知教育名篇精选》(教师读本),周洪宇编,福建教育出版社2013年版。

推荐理由:"爱满天下""文化为公",这是作为教育家的陶行知的真实写照,他的教育情怀、乡村视野,使他的教育观念与教学实践历经多年,仍不褪当年光辉。本书编者周洪宇先生精研陶行知教育思想多年,这本"教育名篇精选"参照当下教师专业标准"专业伦理、专业知识、专业能力"三维一体的新框架体系,改变了以往大多将陶行知教师教育论述按时间顺序先后排列的传统办法,将之分为具有严格内在逻辑关系的六个方面,使之既遵循教师专业标准,又符合陶行知教师教育论述的实际情况。这种编法能帮助教师迅速抓住陶行知教育思想的核心和精华。

《给教师的建议》,[苏]B.A.苏霍姆林斯基著,杜殿坤编译,教育科学出版社1984年版。

推荐理由:真正的经典之作,我个人称之为"教育小百科"。教育大家苏霍姆林斯基高度凝练自己20多年的实践经验,运用现代教育学、学习心理学、教学论、儿童发展理论等重要原理,以"建议"的形式,与教师谈心,一个问题,一则解答,一篇建议,既有生动鲜活的事例,又有精辟恰当的理论分析,毫无刻板、说教之感。

书中每一条建议都是他思考、归纳出的肺腑之谈,饱含真知灼见。尤其重要的是，作者总是针对教师在教学工作中经常遇到的棘手问题，使教师在工作中能拿来就用，用了就有成效。多年来，《给教师的建议》一书，助力了几代中国教师的专业成长。

吴非

做一个有思想的读书人

　　本名王栋生，笔名吴非，生于1950年，南京师范大学附属中学教师，中学语文特级教师。著有《不跪着教书》《致青年教师》《课堂上究竟发生了什么》《照亮校园的常识》《王栋生作文教学笔记》等。

吴

非

___

他是一位语重心长的长者，一位爱独立思考的教师，一位敢于不平则鸣的知识分子。他一生以书香为伴，即使视力受损，依然勉力阅读，毫无倦怠。

有人说，他的《不跪着教书》守护了教师的尊严；有人说，他的《前方是什么》映照了一个知识分子的文化担当；有人说，他的《致青年教师》让无数教师的心灵受到震撼。

在种种丑陋的教育现象前，他是杂文家吴非；面对学生时，他是王栋生，一个爱读书、爱思考的中学语文教师。

吴非：做一个有思想的读书人

有人说，读书有三重境界：一为读知识，长学问，从而高雅；二为读智慧，把知识变为觉悟、动力、谋略；三为读人品，就是古人所说的修身养性。

吴非的读书经历让人感觉，读书不只是长知识、学谋略，更多的是跳出书本，形成一种明辨是非、独立思考的能力。这种与众不同的读书习惯，使他积蓄了巨大的精神力量，使他成为中学教师中为数不多的"荆棘鸟"、教育界自由飞行的"牛虻"。

"我始终记得那种虽然清苦但是有书读的幸福"

吴非坦言，是外国文学名著给了他最初的文学启蒙。

18 岁下乡插队，26 岁返城，8 年间，吴非不停地找书读。1967年，他在南京城东遇到一个收购废品的老汉发现老汉的筐里有两本繁体竖排的《静静的顿河》，如获至宝，花 0.3 元买了下来。后来，他又花 0.15 元从老汉那里买来《普希金诗集》。当时根本没有文学作品可读，农村的知青朋友知道他有好书，都找他借阅。也就是从那时起，他养成了快速看书的习惯。

1971 年，吴非弄到一本没头没尾的书——苏联作家柯切托夫写的《叶尔绍夫兄弟》。龚桐、荣如德翻译得特别好，他看了很多遍，感慨于故事情节的丰富与震撼，也一直想知道主人公的命运，可是这本书破损，后面的情节不得而知。1980 年上大学时，他终于找到了书的全本。结果令他很失望——原来只差半页，主人公的命运就定格在几百字里，却令他琢磨多年。那一瞬间，他对人的命运有了一种别样的认识，而类似的感悟在阅读茨威格的《象棋的故事》时也有过。

"许多外国文学名著中的普世价值和人文关怀，对我的人生观、价值观产生了重要影响。"吴非说，他很遗憾 28 岁时才读到雨果的《悲惨世界》，如果更早看到这类书，他对世界和人生的认识会有所不同。"雨果、巴尔扎克等人的作品对人性予以深刻发掘，给人的心灵以强烈震撼，促使人对宏大的人生和世界问题进行思考。我总是想，20 年之后的学生会是什么样的。其实，哲学家说得对，一个人就是他吃下去的东西。一个人的未来取决于他读不读书、读什么样的书。"

与一些人不同，吴非读书喜欢做一些读书之外的闲事。例如，他细读了一个多月的诺维科夫·普里波伊著的《对马》，讲的是 1905 年俄日两国海军在日本海对马海峡进行的一场海上恶战。当时这本书是在一个农民家里发现的。因为好奇，也因为无书可读，他用两斤麦子换了过来。书里介绍了俄国第二太平洋舰队是如何战败的。他根据小说的描述制作了表格，把舰艇的吨位、装备、航速、人员及被击沉的时间等一一找出，填空进去，并推算出大致方位，有了许多有趣的发现。由于当时书很少，加上年轻，记忆力好，吴非由此培养了较强的资料搜索能力，并养成将资料分类的习惯。

谈及对自己读书产生过重大影响的人，吴非首推他的忘年交、写过《岁寒图》《升官图》等剧本的陈白尘先生。两人因陈白尘女儿陈虹的引见相识，那一年吴非 23 岁，在农村插队已 5 年。陈白尘家里有十多箱被查封的"禁书"，由于造反派脑子不灵光，封书只封了纸箱的上面，而没想到纸箱可以从下面打开，吴非遂得以在陈家借书读。在陈白尘的帮助下，吴非看了大量的历史著作。从 1973 年到 1978 年，他们一老一少，交流非常频繁。回忆那段人生经历，吴非曾感慨地说："那是我人生最困难、最苦闷的时期，他成了照亮我前行的一盏灯。陈白尘先生对我有最大的影响，一是他独立思考的精神，二是他的正直善良。"

1977 年，中华书局重印了 20 册一套的《资治通鉴》，这在当时是一件很轰动的事。30 元一套的价格在当时是很贵的，那时工厂的二级工一个月工资才 32 元。那年夏天，吴非本来和家人商量好去买一件新的涤卡外套。但是，到了书店后，他被这套书吸引住了。最终，衣服没有买成，而是买下了这厚厚的 20 册书。上大学前，吴非全部通读了一遍，加上之前读了在农村省吃俭用买下的前四史，读大学后他读所学的古汉语专业的书，一切就变得非常容易。

1978 年恢复高考后，吴非考上了南京师范大学。进入大学校园的他，更加如饥似渴地读书，正如他所说："'文化大革命'十年，我的青春被打了对折。读书期间，虽然没有白发童生的悲苦，但和一帮比我小 10 岁的同学在一起，多少有些不习惯。记得那时，大家好像只想着把被'四人帮'耽误的时间夺回来，读起书来近乎痴狂。这也使此后的我无比珍惜讲台，珍惜每一节课，珍惜自由思想的机会。"

吴非说，刚进入大学时，他见到学校的图书馆里有那么多的外国文学作品，开心得不得了，萧乾翻译的《好兵帅克》等经典外国文学作品深深地吸引了他。大一那一年，他大概看完了 200 本书，有时上课时也偷看外国小说。当时的老师很开明，只要学生能回答提问、完成作业，并不会反对学生上课时开小差。这一点吴非至今心怀感激。大学四年，他平时经常泡在图书馆，每周去一次新华书店。为了省下钱买书，他常常连着十几天不吃荤菜，那种虽然清苦但是有书读的幸福感至今记忆犹新。

"读书，最重要的是独立思考"

随着读的书越来越多，吴非的兴趣越来越广泛，开始涉猎很多领域，对史学的兴趣更是有增无减。他很喜欢威廉·曼彻斯特著的《光荣与梦想——1932-1972美国社会实录》，作者的文笔好，表达也很富有智慧，对他读懂全书和分析社会现象产生了很大影响。威廉·夏伊勒的《第三帝国的兴亡》也是一部不朽的著作。他曾用很多时间阅读陶菊隐著的《武夫当国：北洋军阀统治时期史话(1895-1928)》，那是一本全方位展示当时历史的书，让他一下子打开了视野。

都说读史使人明智。看了一些史料后，吴非知道了许多事件的来龙去脉，同时也培养了他细心观察、比对反思和独立判断的能力。而书读多了，就能站在高点上，不被人愚弄，善于发现事情的真相，因为"评价历史人物的客观标准，不是看你说了什么，而是看你做了什么"。从这一点来看，吴非觉得，许多历史事件并不是看上去那样简单，也不完全是教科书里所说的那样。

"教师，尤其是语文教师，应该知道得越多越好，要有一定的学术背景，力争做一名学者型教师。"吴非看重教师的博学，更看重教师的独立思考，因为知识分子应该思考一切，不应盲从。一名教师能走多远，取决于他能否独立思考。有了思考能力，就不会轻易相信任何东西。他一直强调，教育要教会学生思考，通过广泛的阅读，培养批判意识，这样才会让学生更好地看清各种历史和社会现象。

吴非独立思考的习惯，一直延续至今，即使过了60岁，他还在思考一些在其他人看来很可笑的问题。例如，学生作业和考试成绩要家长签字，入团入党为什么反而无须家长签字？学科到底有没有"主副"之分？他认为，知识分子不应满足于他人告知的知识或思想。特别是教师，如果没有独立思考的意识，他的学生就如同标准容器，只能接受机器的灌输，将来不会有大出息。

读小学时，吴非就怀疑所谓地动仪的真实性，因为中国不是地震多发国家，东汉的机械制造业不发达，当时的青铜器冶炼技术也制作不出如此精密的仪器。而且，地震是波状形式传递，不可能精密到八面的龙口只掉下一个球。几十年后，自己当教师了，在教《张衡传》时，他鼓励学生讨论，以证实地动仪存在的可能性。在他的启发下，学生也开始"疑"了起来。

"作为一名教师不能不读书，只有多读书，才能始终像儿童那样睁大眼睛看世界，才能不断有新的发现。"吴非感慨，自己读书一向很杂，并非见异思迁，而是他深感语文教育需要有丰富的知识背景。他常常对身边的年轻同事说，教师应当比学生更善于学习。关于做到什么境界才是最好的教师，吴非说："让学生喜欢我的课，让学生喜欢我教的学科，让学生有终身学习的意识。做到了这些，才是真正达到'不需要教'。而要做到这些，教师唯有多读书、多思考。"其实，直到如今，一有机会，他就鼓励同行多读书，并向他们推荐好书。每次去书店，他也愿意多买几本好书送人。

德国作家赫尔曼·黑塞在《获得教养的途径》一文中说：没有爱的阅读，没有敬重的知识，没有心的教养，是戕害性灵的最严重的罪过之一。离开教学一线之后，吴非有时会到学校给学生做讲座，以自己多年的读书经验，语重心长地告诉学生如何做学生、如何读书。他劝诫学生多读名著，从名著中汲取力量。他说："鲁迅的《药》，我10岁时就读过，61岁重读时还有新的发现。经典著作是一个历史时期语文与人文的最高成就。一旦读过这些人文名著，这个人就坏不到哪里去。一个人，如果到了十七八岁，还不能认识到人文精神的重要，还没有独立思考的意识，指望进了大学再修炼，那么其性情、心灵和教养就已经有很多补不了的空洞了。"

吴非还希望学生多读诗，因为如果生命中有诗，精神世界就会充满阳光。他很喜欢巴尔蒙特的那句诗："为了看看太阳，我来到世上，即使天光熄灭，我也仍将歌唱。我要歌颂太阳，直到人生的最后时光……"每每读出来，他总会热泪盈眶。

"书读得越多，我越觉得自己可怜"

如今，每天早晨起床，吴非和以前一样看看时事新闻，读读喜欢的书。读书永远是他的一种生活需求。参加编写的初中、高中教材，今天他仍然在不断地看。虽然视力严重受损，但他依然保持着强烈的学习欲望。因为"如果不读书，我就不知道早晨起来该干什么，不知道怎么活下去。而且，我越来越发现，书读得越多，越觉得自己可怜。越觉得自己可怜，就越要读书"。

吴非读书，喜欢在书上做记号，自由地画，很多书都做笔记。笔记内容积累下来，便成了他的教学资源和教学反思的依据。他身边的同事曾发现，吴非每节课在25—30分钟时，就会"打个岔"，如和学生谈谈天气或引导学生关注某条新闻。其实，这是他的教学习惯，也是他阅读书籍受到的启发，因为他早年便从教育心理学书上看到，青少年的持续注意力一般保持在30分钟左右，因而要想保持学生的专注度，有必要"打个岔"，再把学生的注意力拉回来。这既是教学艺术常识，也是以人为本的教育原则。

吴非现在很爱读图画书。2002年，他在广州开会时，和浙江师范大学教授、儿童文学理论家方卫平同住一室。方卫平给小学教师做报告，他给高中教师做报告，两人各忙各的。一天晚上，他看到方卫平床边放着一捆台湾出版的图画书，随手拿起一本翻看。这一看令他很惊讶，世上竟有这么好看的书。在大卫·威斯纳的那本《疯狂星期二》中，夜间驾着荷叶悄悄降临城市的青蛙们给了他无尽的想象。方卫平不厌其详地为他介绍这些图画书的编绘与流传，让吴非知道在阅读世界里，竟然还有这样一种了不起的杰作。

后来，"亲近母语"的创始人徐冬梅老师给吴非寄了一批图画书。他用20分钟就看完了。那一刻，他知道，自己从此离不开这些书了。于是，外出做讲座时，他也跟老师们分享阅读绘本的心得。他讲《猜猜我有多爱你》的故事时，看到坐在前排的一些老师眼含泪花。去书店买图画书时，营业员好奇地问他买这么多书是送给谁的，吴非坦诚地告诉对方："是我和老伴自己看的。"他常在书屋里翻看这些书，想象着如果当年能看到这样的书，今天的他会是什么样子。

他也想，如果每个孩子、每个教师都能看到这样的书，那该是一种怎样的情形啊！

吴非说，看图画书的时候，他常常一边看，一边流泪。他感慨，那么美好的东西为何过了 50 岁才读到。绘本让他重新回到童年时代，让他能以幸福的心态看待今天的世界，也让他明白，很多原来非常在意的东西其实并不重要。图画书让他知道，儿童永远是正确的，无论如何不能低估儿童的智慧。

因为图画书，吴非更看不得伤害儿童的事情发生。他在著作中呼吁，爱所有的孩子。就像他在《让我们回到童年》中所写的："孩子们本应当有正常的童年，最好不要惊醒他们的梦想。做过梦的孩子是幸福的，珍惜梦想的孩子会永远幸福。我们在成长中失去了许多宝贵的东西。那些像梦一样的诗，像诗一样的梦永远不再回来了，可是它还留在孩子们的眼睛里，孩子们就坐在你的面前……"

1982 年 1 月，已经 32 岁的吴非大学毕业。他去南京师范大学附属中学报到的那天，看到办公楼前的两排水杉，最大的一棵直径只有 20 多厘米。如今，这两排水杉高大、伟岸，最大的一棵已经粗得需要两个人才能合抱。时间总是不经意地在指间溜走，在吴非看来，能让光阴不虚度的，唯有读书。

 且读且悟

1. 一位教师能走多远，取决于他能否独立思考。

2. 作为一名教师不能不读书，只有多读书，才能始终像儿童那样睁大眼睛看世界，才能不断有新的发现。

3. 如果不读书，我就不知道早晨起来该干什么，不知道怎么活下

去。而且，我越来越发现，书读得越多，越觉得自己可怜。越觉得自己可怜，就越要读书。

 读书解惑

"中国不缺教师，缺的是爱读书的教师"

记者：您觉得是什么阻碍了教师阅读？引导教师阅读的核心因素是什么？

吴非：阻碍教师阅读的是教师自身的学习观念。而教师不爱读书，与其对阅读的重要性认识不够、教育教学任务比较重、缺乏读书习惯等都有关，但内在原因主要是教师个人没有正确的价值取向。

当然，必须承认，现在整个社会的读书环境不是很好，一些学校在引领教师读书上做得还不够。一些校长不学无术，也不支持教师读书，我就听到过有校长训斥教师："读什么书？把你的书教好就行了！"我也知道，有些学校的语文教研组教师读书相对比较多，爱分析各种问题，可谓聪明人群体，然而却经常被学校领导认为是"不大好管理的群体"，因为他们爱读书，见多识广，能敏感地发现学校管理中存在的问题。

我认为，爱读书的教师才是真正的教师，同时也是学校发展的潜在力量。中国不缺想做官的教师，缺的是爱读书的教师；中国不缺搞应试的教师，缺的是有思想的教师。学校能否成为名校，能否为民族培养合格的人才，能否培养出健全的人，除了要有正确的教育方针，教师的学养是决定因素。一支爱读书并有独立思考能力的教师队伍，是学校不可多得的财富，如果教育行政领导把教师"听话"当作教改的优势，那简直是无法拯救的愚蠢。

说到底，读书是个人的事，关键要靠自觉。想成为一个什么样的

教师，有没有作为一名合格的教育者的追求，这大概就是促使教师去多读书、读好书的核心因素。如果教师个人有发展、完善自己的愿望，任何障碍都是可以消除的。

记者：教师读书需要坚守，有时候在一些学校，读书的教师被看成另类，请问王老师，您坚守的力量来自哪里？

吴非：我不认为自己是在坚守。坚守给人的感觉是一种对痛苦的忍受，很悲壮，何乐之有？其实，读书的时候，我很快乐。读书之于我，像吃饭一样是一种需要——一种精神的需要。

我患病后，很多师友都劝我，别读书了，别写作了，保护眼睛。我只休息了一两天，没法坚持不读不写。不读书，我不知道每天早晨起来干什么。一个人不能阅读，活着有什么意思？这么多年来，我在读书中获得很多乐趣，交到很多朋友；同时也发现，书读得越多，越觉得自己可怜；越觉得自己可怜，就越想读书。

我的阅读兴趣很广泛，我想知道的太多，我觉得我应当知道得更多。前些年开始，我对儿童读物开始感兴趣，也开始关注民国以来的儿童文学。有人认为，"复归于婴儿"是老年的征兆，我想可能不完全是。我是从教育学的角度来读这些书的，我想的是，我们那一代人受的教育不全，精神上营养不良，我们在儿童时代该读的许多书当年都是禁区。

当然，也有许多同行在目前的应试教育大背景下失去了自由阅读的环境。读书竟然需要坚守，这种局面很可悲，应当引起全社会的关注。那些读书多、思虑深的教师被看成另类，或者被其他人怀疑、警惕，在现实中是存在的。我觉得，对一个真正爱读书的人来说，没有什么东西可以挡住他的目光。虽然我们不可能将所有教师的志趣都统一在一个方向，但作为教育者，我们的生活观和价值观对学生会产生影响，我们必须审视自己的生活志趣。所以，我希望老师们能够静下心来，回到书中。

记者：我有时候想，如果中国的教师都爱读书，那么中国的孩子就幸福了，我们的教育就有希望了。您是否觉得这是一种乌托邦？

吴非：这不是一种乌托邦，是可能实现的，也是我的期望。当然，"中国的教师都爱读书"，在当下的可能性还不是很大。这主要取决于教师对读书必要性的认识，也取决于整个社会读书环境的改变。

如果教师认识到读书对自己的专业成长有帮助，能发自内心地去读书，这最好；或者，如果我们建立了某种有关教师资格的淘汰机制，教师的读书状况也许就会好转。应当看到，教师爱读书对学生是一种无声的引领。2005 年，南京师范大学附属中学高三学生巫怀宇写过《致师大附中 2005 届语文老师的一封信》。他在信中写道："依然记得一模期间读完《寻找家园》，二模期间读完《阳光碎片》，三模期间读完《精神自治》……好书之于高三，如同星光之于暗夜，泉水之于荒原。"这件事对我震撼很大，让我意识到在读书上教师应该为学生做表率，让学生感受到蕴藏在书中的精神力量。

一旦教师认识到读书的重要性，读书之于学生的引领，距离"中国的孩子就幸福了，我们的教育就有希望了"的目标也就不远了。但是坦率地说，我对教师读书的现状并不乐观。有很多教师戏称只读三种书就"称职"了——教材、教参、教辅。按世俗的观点，现在很多不爱读书的教师活得也很富足，这跟教育体制和应试之风有关。当琢磨如何对付考试成了教师唯一的追求之后，他必然会疏于读书学习。应试教育让大批教师疲于奔命，落后的教育机制使教师没有主动学习的内动力。在这种情况下，教师不读书就是一种必然的现象。

不久前，我在一所学校回答教师提问时谈到，现在的教育有时也在"反智"，教师禁止学生阅读考试范围之外的书，特别是文学作品，这种教师的作用就是企图把学生教得比他还要愚蠢。老师们都大笑起来。虽然有无奈的成分，但我毕竟从他们的笑声中看到了一丝希望。

 推荐好书

《国史大纲》，钱穆著，商务印书馆 2010 年版。

推荐理由：这本中国通史教科书简约平易，文字畅达，既是著者的讲课心得，也是他在国难时期对民族精神的思考与阐述。著者曾和我们一样，担任小学教员，他珍视民族文化传统，书中那些非凡的见解，也许正来自他在乡村教学之余的勤奋阅读。

《鲁迅杂文精选集》，鲁迅著，北京联合出版公司 2015 年版。

推荐理由：不带偏见地读鲁迅先生的文字，看他怎样观察社会和人的命运，怎样思考，怎样穷根究底，于读者是大有裨益的。"无穷的远方，无数的人们，都和我有关"，因为注意到"和我有关"，所以有可能引发读者的反思。

附：15 位名师推荐给中小学教师的书

1.《人是如何学习的：大脑、心理、经验及学校》，[美] 布兰思福特等著，程可拉等译，华东师范大学出版社 2013 年版。

2.《管理的实践》，[美] 彼得·德鲁克著，齐若兰译，机械工业出版社 2018 年版。

3.《像冠军一样教学：引领学生走向卓越的 62 个教学诀窍》，[美] 道格·莱莫夫著，丁浩、赵婕译，中国青年出版社 2016 年版。

4.《美国语文——美国著名中学课文精选》，张健鹏、胡足青主编，马浩岚编译，中国妇女出版社 2011 年版。

5.《给教师的建议》，[苏] B. A. 苏霍姆林斯基著，杜殿坤编译，教育科学出版社 1984 年版。

6.《小学数学教学论》（第四版），马云鹏主编，人民教育出版社 2015 年版。

7.《国文国语教育论典》，李杏保、方有林、徐林祥主编，语文出版社 2014 年版。

8.《我们怎样读书》，范寿康编，当代中国出版社 2014 年版。

9.《为未知而教，为未来而学》，[美] 戴维·珀金斯著，杨彦捷译，浙江人民出版社 2015 年版。

10.《创新启示录：超越性思维》，王健著，复旦大学出版社 2005 年版。

11.《追求理解的教学设计》（第二版），[美] 格兰特·威金斯、杰伊·麦克泰格著，闫寒冰、宋雪莲、赖平译，华东师范大学出版社 2017 年版。

12.《如何阅读一本文学书》，[美] 托马斯·福斯特著，王爱燕译，南海出版公司 2016 年版。

13.《作为意志和表象的世界》，[德] 叔本华著，石冲白译，商务印书馆 2018 年版。

14.《世说新语》，刘义庆著，朱碧莲、沈海波译，中华书局 2014 年版。

15.《约翰·克利斯朵夫》，[法]罗曼·罗兰著，傅雷译，湖南文艺出版社 2017 年版。

16.《道尔顿教育计划》，[美]海伦·帕克赫斯特著，陈金芳、赵钰琳译，北京大学出版社 2018 年版。

17.《先知·沙与沫》，[黎]纪伯伦著，钱满素译，北京十月文艺出版社 2013 年版。

18.《语文：表现与存在》，潘新和著，福建人民出版社 2017 年版。

19.《诗论》，朱光潜著，华东师范大学出版社 2018 年版。

20.《致青年教师》，吴非著，中国人民大学出版社 2015 年版。

21.《活法》，[日]稻盛和夫著，曹岫云译，东方出版社 2012 年版。

22.《西藏生死书》，索甲仁波切著，郑振煌译，浙江大学出版社 2018 年版。

23.《瓦尔登湖》，[美]亨利·梭罗著，田伟华译，中国三峡出版社 2010 年版。

24.《新月集·飞鸟集》，[印]泰戈尔著，郑振铎译，浙江工商大学出版社 2018 年版。

25.《儿童行为的塑造与矫正》，林正文著，北京师范大学出版社 1998 年版。

26.《发展心理学》(第二版)，林崇德著，浙江教育出版社 2019 年版。

27.《团体心理治疗——理论与实践》(第五版)，[美]欧文·亚隆著，李敏、李鸣译，中国轻工业出版社 2010 年版。

28.《小王子》，[法]圣·埃克苏佩里著，梅思繁译，辽宁少年儿童出版社 2019 年版。

29.《周作人论儿童文学》，周作人著，刘绪源辑笺，海豚出版社

2012 年版。

30.《论语译注》，杨伯峻译注，中华书局 2017 年版。

31.《陶行知教育名篇精选》(教师读本)，周洪宇编，福建教育出版社 2013 年版。

32.《国史大纲》，钱穆著，商务印书馆 2010 年版。

33.《鲁迅杂文精选集》，鲁迅著，北京联合出版公司 2015 年版。